国際・国内研究の文脈を踏まえた本研究の目的は、歴史教師のビリーフを研究する目的と方法を検討し、その目的と方法に即した日本とスイスとカナダの歴史教師のビリーフ調査を実施することで、三か国の歴史教師のビリーフの比較を通して日本の歴史教育改革を考察することである。

　この目的を達成するために、本研究は以下のような構成となっている。

　第1部が、歴史教師のビリーフに関する理論的考察である。

　第1章　ドイツ語圏の教授学における教師のビリーフ研究では、日本やドイツの先行研究で明らかにされた教師のビリーフの概念規定や機能を踏まえた上で、教師の認識論的ビリーフに着目して、政治教育とCOACTIVE のプロフェッショナル・コンピテンシーを比較することで、ビリーフを教職専門職の深部で働く知の有力な背後要因として位置づけることの重要性を提起している。

　第2章　英米圏の教育研究における教師のビリーフ研究では、アシュトンの論考に基づいたビリーフの研究史から、1950年代初頭より始まる教師の態度研究から移行したビリーフ研究では、教師のビリーフに対する基本的な理解が錯綜して共通理解がなされていないという現状を踏まえ、生態学的な研究といった総合的な調査の取り組みや理論的実証的な根拠を持った教師のビリーフへの介入といった今後の教師のビリーフ研究の展望を示している。

　第3章　スイスドイツ語圏における歴史教師のビリーフ研究では、日本において歴史教師のビリーフ調査を実施することを念頭に置いてスイスドイツ語圏の歴史教師のビリーフ研究を検討することで、歴史教師のプロフェッショナル・コンピテンシーの確定とそのスタンダード化を研究目的とするビリーフ研究を実施すべきであるというビリーフ研究の新しい展望を提起し、教師教育改革を実質的に進展させる可能性を有するビリーフ研究の意義を明らかにすることを試みている。

　第4章　英米圏の歴史教育学における歴史教師のビリーフ研究では、1990年代以降の英米の歴史教師のビリーフ研究の動向を踏まえ、キングとキッチ

ナーの省察的判断モデル、クーンとワインストックの認識論的思考モデルを枠組みとしたマッジョーニの歴史教師の認識論的ビリーフに関する質問紙調査結果の考察から、歴史教師のビリーフの変容は困難で、改善に向けた取り組みが不可欠であるとして、ビリーフ研究が有する研究上の重要性について論じている。

　第5章　歴史教師のビリーフに関する研究方法の提示では、授業理論、授業モデル、授業実践という領域ごとに歴史理論的ビリーフと歴史教授学的ビリーフを調査するための観点を考察し、その観点ごとにビリーフ調査の質問項目を開発することで、歴史教師のビリーフの属性を解明するための研究方法を提案している。

　第6章　教師の歴史固有のビリーフが自国史の伝達に与える影響は、Fink, N., Furrer, M. & Gautschi, P.（Eds.）.（2020）. *The Teaching of the History of One's Own Country*. Wochenschau Verlag に掲載された Riedweg, Nicole & Gautschi, Peter 論文 "Der Einfluss geschichtsspezifischer Überzeugungen von Lehrpersonen auf die Vermittlung der Geschichte des eigenen Landes" を邦訳したものである。本論文は、第7章で論じるビリーフ調査の質問紙用紙を作成する基盤であるとともに、スイスドイツ語圏のみならず英米圏の歴史教師のビリーフ研究の成果と今後の研究アプローチの展望を論じた重要な論考であるため、本書で掲載している。

　第2部が、歴史教師のビリーフに関する実証的考察である。

　第7章　歴史教師のビリーフの三か国比較研究は2つの節に分けられる。第1節の日本における歴史教師のビリーフの現状では、日本の歴史教師と実習生を対象に実施したビリーフ調査における選択式質問項目と記述式質問項目の結果を4つのカテゴリに即して分析することで、資質・能力志向への転換に向けた歴史教育改革を図る現状における歴史教師と実習生のビリーフの解明を図っている。

　第2節の歴史教師のビリーフの三か国比較では、日本、スイス、カナダの

歴史教師のビリーフ調査における選択式質問項目の結果のカテゴリ別分析、国別の因子分析、三か国全体でのコレスポンデンス分析を通して三か国の歴史教師のビリーフを比較し、各国のビリーフの特徴から想定される歴史教育を検討することで、資質・能力志向の歴史教育の実現に対する各国のビリーフの現状を明らかにしている。

　第8章　拡張された現在における歴史教育は、国際研究プロジェクトの一環としてガウチ教授がスイスにおける歴史教師のビリーフ調査結果を、チューリッヒ教育大学のアレックス・ブッフ（Alex Buff）教授と共同で分析してまとめた論文 "History Education in a Broad Present － a Great Challenge" を邦訳したものである。歴史教育を歴史・社会・自己への対処という3つの次元から捉え、ホロコーストをテーマに開発したアプリにおける歴史の活用と創造という歴史教育の具体例を通して、歴史教育についての4つの教授学的立場（ビリーフ）を導き、これらのビリーフに関する歴史教師への質問紙調査の結果を提示している。本章で分析した質問紙調査は第7章で検討したスイスの歴史教師の質問紙調査と同じであり、同じ質問紙調査を第7章とは異なる手法で分析している。日本における歴史教師のビリーフ調査は、資質・能力志向への転換を図る日本の文脈に即した調査であり、スイスではどのような問題関心から自国の歴史教師のビリーフを調査しているのかを知ることができる格好の論文である。そのため、資質・能力志向の歴史教育の観点から日本及び三か国における歴史教師のビリーフ調査の結果を考察する第7章の論旨とは異なることをご了承いただきたい。

　国際的・国内的な教育動向をみると、資質・能力志向への歴史教育改革は必須かつ喫緊の課題であり、学校教育現場の歴史教師には改革に向けて重要な役割を果たすことが期待されている。歴史教師のビリーフの国際比較研究としての本書が、日本の歴史教育改革に向けた課題や問題を提起することで、その実現に向けて寄与することができれば幸いである。

宇都宮明子

目　　次

凡　例

1．原語の Belief については、信念と訳されるが、本書ではビリーフというカタカナ書きに統一している。英語の Belief に相当するドイツ語は、Überzeugung であるが、これについても同様にビリーフに統一している。

2．外国人名は、姓を片仮名で示し、原語の挿入は各章における最初の 1 回のみとし、片仮名表記の後に（　）で記す。

3．本書での記号や符号については、以下の通りとする。

「　」は、引用された文や用語であることを示す。

『　』は、単行本名、雑誌名、報告書等の冊子名であることを示す。

"　"は、原著に付されている場合にのみ記す。

4．註、参考文献については、ドイツ語文献、英語文献、日本語文献はそれぞれ異なる表記法としている。出典のページは、ドイツ語文献は「S.」、英語文献と日本語文献は「p.」ないし「pp.」で示す。但し、第 6・8 章の脚註・註については、原著の表記法を優先しつつ、本書の表記法に合わせて一部修正している。第 7 章の註は統計用語の解説が大半であるので頁脚註が適切であると判断し、文末脚註の形式を採る他章と異なる頁脚註としている。

第1部　歴史教師のビリーフに関する理論的考察

第1章　ドイツ語圏の教授学における
教師のビリーフ研究

1．ビリーフ概念への着目

　ドイツでは、教授学研究において、教職専門性はどのような資質・能力の構成要素から成り立つものとして捉えられているのだろうか。また、プロフェッショナル・コンピテンシーが熟達した教授技法という顕在化しやすい所作に限られないとするならば、可視化しにくいメンタル・ファクターをどのように概念化し、教職専門性の構成要素として組み入れているのだろうか。プロフェッショナル・コンピテンシーのうち、可視化しにくいメンタル・ファクターとして、教職専門性の深部において機能・制御する役割を果たすと考えられているビリーフ（英：belief、独：Überzeugung[(1)]）概念に着目し、教職専門性の構成要素に迫ることとする。

　ビリーフ概念のうち、知識や知ること、学習の性質に関して個人が有する信念は、認識論的ビリーフ（英：epistemological belief、独：epistemologische Überzeugung）と呼ばれる。近年、生徒に育成することが期待される資質・能力として、批判的思考力が着目されている。この批判的思考力は、情報を安直に受け入れず、できるだけ主観に囚われない冷静な判断を自らに課し、多面的・多角的に事象や物事を検討するといった認知的な努力を要する思考力である。批判的思考力を働かせるには、「たとえば知識を絶対的なものと認識しているかどうか、学習能力は生得的なものであり努力しても変化しないと認識しているかどうか」など、知識や知識獲得に対して教師がどのような観念を有しているかに左右されるとして、教師の認識論的ビリーフと育成

しようとする批判的思考力との関連性が指摘されている[2]。この認識論的ビリーフは、「人がどのように情報を取捨選択し、実際にどんな学び方をするのかを方向づける」ものであり、どのような認識論的ビリーフを有するかにより、この「情報を取捨選択する際のメタ認知過程や論証の仕方が異なることが示されている」[3]。こうしたビリーフ概念への着目は、教師と学習者との間に生成する教授・学習の相互作用性において、何が技術・技法の枠を超えて作用しているのか、これまで教育観、指導観、教材観、学習観、子ども観など、言語化されなくてもどの教師も有している「○○観」という深い次元で授業の成立を問うことの重要性を指摘してきた日本の授業研究や教職専門性研究と符合するものである。

2．日本におけるビリーフ研究：「認知枠組み」・「観」の所在

　日本におけるビリーフ研究[4]は、①教授する知識や教え方の観念、反省的実践教師など教師の熟達化との関連で取り上げられた教師側のビリーフ研究と、②知識獲得や知識獲得のメタ認知の状態を把握したり、それらを発達させたりする学習者側のビリーフ研究[5]に分けることができる。教師側のビリーフ研究においては、ａ）教職専門性に関するビリーフ研究[6]、ｂ）教科教育学（日本語教育を含む）におけるビリーフ研究[7]、ｃ）教師の側の知識や知識獲得のメタ認知に対する観念の実態把握を目的にしたビリーフ研究[8]や、学習を妨げるバイアスとしてのビリーフ（イラショナルビリーフ）の解明を試みる認知心理学的なビリーフ研究[9]に類別することができる。

　1960-70年代までは、行動科学アプローチをとる研究が主流をなし、「直観やわざ（artistry）という語によりそれまで漠然と表現されてきた熟練教師のあり方を、行動科学アプローチでは行動やコミュニケーションのスタイル、行動パターンに注目することで、教授スキルとして取り出し解明してきた」[10]とされる。その後、1970年代後半には認知心理学の影響を受けた研究

が盛んになり、「教師の力量を、知識や意思決定過程の問題として捉え」、「教師の認知過程を検討する実証研究が盛んに行われるように」なった[11]。ここでいう教師の力量としての知識や意思決定とは、①授業における認知過程、②授業で使用される知識、③教師は教えることをいかに学び、学んだことを経験したことからいかに変容させるかという知識学習のことを指す[12]。

　教職専門性の捉え方としては、ショーン（Donald Schön）による「技術熟達者」や「省察的実践家」（reflective practitioner：「思慮深い実践者」の訳語を与えることもできる）の概念モデルを提示し[13]、これを発展させたケネディ（Mary M. Kennedy）やルービン（Louis Rubin）のものがある[14]。彼らにより、教師の「授業過程での思考や判断」、すなわち、授業における教師の意思決定を教師の専門性を支える重要な構成概念として捉えるなど、それを授業の成否を握る鍵として、熟達した教師の専門的技量の深部で何が制御しているのか、その要因を解明するために、教師の知識状態や意思決定の問題をビリーフ概念に収斂していく研究が盛んに行われるようになったのである[15]。

　秋田は初期の論文において、教師のビリーフ（信念）は、「授業行動において暗黙に機能し……教師自身も自分の信念を自覚化していない場合が多い」とし、「なぜある教師が特定の教授方略を頻繁に使用するのか、あるいは使用しないのかを説明するのに、信念の研究は有効である」と主張し、梶田らが提唱した、教師の指導に対する考え（信念）を「個人レベルの指導論」と位置づけた[16]。秋田のその後の研究では、教師の信念（ビリーフ）は、第一に、「授業場面の解釈や授業行動を根底で規定する認知枠組みとしての機能を担っており、同じ知識でもどのような信念を持っているかによって使用されるか否か、どのように使用されるか、そして、どのような感情がある事象に際して生じるかが規定されてくる」として、根底で働く認知枠組みとしての機能を浮かび上がらせた[17]。授業におけるこの根底で働く認知枠組み（対応策の選択）としては、①当該生徒（教師の発問に応答した生徒）の学習状態、②学級全体の生徒の学習状態（挙手の様子、生徒の応答内容からの推察）、③計

画段階で予定していた授業展開や教授行動、④授業時間、⑤教材の適切さや難易度、⑥教室の雰囲気などである[18]。教師は瞬時にこれらの手だてを判断・選択し、授業を進行させているのであるが、その奥底で何が作用しているのかを問うたのである。

第二に、信念（ビリーフ）は、「授業のあり方、指導法、子ども、教材などさまざまな内容が含まれているが、個別の信念がまたさらに、より大きな信念体系とゆるやかに結びつく形で、教師の教育観の信念体系を形成している」[19]とし、教育観、子ども観、教材観、指導観など、他者とは異なる授業を展開し、それを深部で制御する「〇〇観」として概念的な抽出を試みている。教師の専門性を裏づける知識と信念（ビリーフ）との相違については、信念は「実態の有無に関わらず想定することができ……現実に対し理想という形で目標とその手段を含んでいること」などを指摘した[20]。

3．伝統的な知識伝達型教育と認識論的実在主義の問題性

一般に実在主義とは、「認識する主体とは独立に存在する実在世界とそれを反映した客観的知識が確かにあると認める立場」を指す[21]。学校で習得を図る知識は、権威ある専門家が正しいと認めた知識であり、確立した知識であるとする捉え方は認識論的実在主義に立脚するものである。伝統的な知識伝達型の一斉授業は、この認識論的実在主義に根ざしており、「知識は既に確かめられた事実として教えられること」が多く、そのため「素朴な実在主義は客観的に正当化された知識が絶対的なものであり変化することはないという単純化された信念に結びつきやすい」といわれている[22]。学校で習得を図る知識は不変的に正しいものであると捉える学習者のメタ認知は、「その領域の権威が認めた知識であるか否かという観点から情報を取捨選択することに向かう傾向」[23]にある。このようなビリーフをもつ学習者においては、「間違った内容を鵜呑みにするリスクはあるものの、多くの情報を要

不要に応じて素早く振り分けることを可能にするため、時間内に多くの知識を獲得することが要求される競争的な学習環境では、一定のメリットがある」一方、「知識は構成しなおされることなく確定しており、それは他者と吟味・検討したところで変化」せず、「授業中の話し合いは、学生から学生へと知識が伝達される権威不在の不確かな状況であり、非効率的な場として捉えられる」[24] ことの問題性が指摘されている。「変化しない確立した知識」の存在を確信する実在主義的ビリーフを有する学習者は、社会構成主義的学習論が重視する意味の相互交換としての対話や話し合いを避けようとする態度をとる傾向にあることが示された[25]。

　このことについて野村・丸野の研究では、「実在主義的な立場に立つ学生は、授業の知識伝達的な側面を見出しやすく、協同活動としての側面を見出しにく」く、「逆に、社会構成主義的な立場に立つ学生は、授業に知識を構成する協同活動としての側面をより見出し、学習内容と自らの視点とを組み合わせて新たな考えを創出しようとする傾向を示す」[26] として、実在主義的な認識論と社会構成主義的な認識論を対比し、どちらの信念（ビリーフ）を有するのかにより、知識構築のアプローチの仕方が異なることを指摘した。これは、教える教師側のビリーフ如何により、知識や知識獲得のプロセスの組織の仕方（知識や知識獲得方法の教え方）に違いが現れることを示唆している。平山・楠見の認識論的信念尺度を用いた研究では、こうしたビリーフの所在により学習態度に違いが生じることに関し、「能力は生まれつきで変化しないという信念をもつ者は、論理的に考えようとしたり、……客観的にものごとを判断しようとしたりする傾向が低」く、「逆に、学習は過程が重要でじっくりと行われるものであるという信念の強い者は、論理的に考え、より多くの情報や知識を求めようとし、判断の際には主観ではなく証拠に基づいた判断をしようとする傾向がある」ことを指摘した[27]。これら二つの研究から、認識論的実在主義というステレオタイプのビリーフは、知識獲得や知識構築に関し、知的活動性を誘発する学習活動の組織（＝対話的で深い学び）に向か

いにくくさせる傾向にあることを読み取ることができる。

4．特定の学習アプローチを誘発するビリーフの働き

　では、子どもの知的活動性を誘発する学習活動の組織化は、どのようにして成立させることができるのだろうか。その成立には大きく2つのアプローチが介在する。第一に、実験課題や授業における質問への応答や問題解決などを通じて、個人内の知識構造に着目し、その理解過程の解明をめざしてきた認知論的アプローチである。第二に、状況志向の活動（situationsorientierte Tätigkeit）を通し、状況に埋め込まれた社会・文化的な相互関連に着目し、知識の主体的な開発・統合をめざす社会文化論的アプローチである[28]。

　認知論的アプローチは、メンタルモデルに代表されるように、「個人内における概念構造」やその概念変化は自然に起きるが、「生活世界の中で子どもが経験を積むことによってゆっくりと漸次的に生じる……局所的でボトムアップ的な変化」を描き出すことを重視する立場である。この立場は認知発達主義と呼ばれる[29]。他方、素朴概念、先行概念、誤概念、知識の再構築など、それらの概念を科学的概念と対置させ、教授に基づく概念変化に関心を寄せるのが認知構成主義の立場である。認知構成主義の立場は、概念変化の過程に認知的葛藤を組み入れた教授方略の組織化に特徴があり、「学習者の持つ既有の知識構造を解き明かした上で、それと矛盾するデータや仮説を併置し、認知的葛藤を組み込んだ思考のガイダンスを行うことで概念変化の一定効果をあげる」としてきた[30]。

　社会文化論的アプローチでは、状況的行為、状況的認知、状況に埋め込まれた学習など、「科学的コミュニティの社会的実践と談話学習の相互作用プロセスに焦点」を当てることで、複雑な環境の中での社会的な相互作用を伴う論証的な知的活動実践を重視する[31]。この社会文化論的アプローチでは、「科学すること」の観念に認知論的アプローチとの違いが鮮明に表れる。す

なわち、「科学的知識やスキルを獲得することではなく、生徒たちに科学を語らせ、科学的談話のプロセスに参加させる、アーギュメント（論証）を通して科学者のような意志決定をさせ、協同的な営みとして科学的探求活動の意味を理解させることに科学的意義があるという科学観を共有している」[(32)]という。この知の社会構成主義が想定しているのは、「知識が絶えず構成しなおされる過程（の一部）だとすれば、既に知っている物事であっても、他者との相互作用の中で知的資源として活用されることを通して新たな意味が見出される余地」を積極的に生かそうとすることである。そうすることで、「学習した内容を踏まえ、授業中に多くの視点から吟味・検討することは、新たな知を創出する契機としての重要な意味を持つ」ことになり、授業中の話し合いは他者の「考えや環境（教材や板書）を知的資源として、新たな知を創出するためにあ」ると解釈される[(33)]。このような学習活動を誘発するのが認識論的ビリーフの機能であり、実際の授業を構成する場合、教師がどのようなビリーフを所有しているかにより、採用される学習アプローチに違いがでてくるということである。

5．教師のビリーフとは何か

　一般にビリーフ（信念）とは、「ある事柄についてもたれる確固として動揺しない認識ないし考えをいう」。「個人が接触している世界のある側面に対する感情、知覚、認識、評価、動機、行動傾向など」のうち、「信念はその認知的要素の部分ないし側面を形成して」おり、「知覚や認識は、いろいろな経験の構造化、再構造化に基づくものであるから、その持続的に安定した産物である信念もまた構造化されており、信念の対象である事物や存在の種々の側面についての認知が首尾一貫して組み込まれている」ものである（『日本大百科全書』（ニッポニカ）電子辞書版より）。総括的には、「その人のものの見方を規定する内在化された知識と期待の体系」と定義されている（『多

項目教育心理学事典』より）。

　ビリーフは、メタ認知的な働きをするものであり、①個人が世界や自分自身を定義したり、理解したりするのを助けるための機能、②知識と情報を整理したりする際のフィルター機能、③行動、出来事を判断し、次の行動への基準を形づくる機能を有するとされる[34]。メタ認知的な働きをし、「人のものの見方を規定する内在化された知識と期待の体系」としてのビリーフの枠組について、クンター（Mareike Kunter）＆ポールマン（Britta Pohlmann）は、自己自身、教授・学習コンテクスト、教育システム、社会に分類している（表1-1参照）。

　ヴィルデ（Annett Wilde）＆クンターは表1-1に示された枠組を以下のように解釈する[35]。第一は、教師が果たす自己の役割に関するビリーフである。これは、自身が生徒の学習態度や学力に影響を及ぼすビリーフと、教師として仕事上の困難な状況を克服するビリーフのことを指す。知識の伝達者、教育者、学習プロセスの仲介者といった教師の役割イメージにかかわる。

　第二は、授業に参加する生徒のイメージ、生徒集団のイメージ、授業そのものに対するイメージなど、教授・学習にかかわるビリーフである。生徒に

表1-1　クンター＆ポールマンによるビリーフの分類[36]

枠　組	内　　容	構成概念の例
自己自身、教師の役割	自己アイデンティティのイメージ 自己の能力についての信念	自己の役割理解 自己効力感への信念
教授・学習コンテクスト	教授・学習、教科、生徒一人ひとりについての信念	学習理論への信念 教科に関する認識論的信念 生徒への期待 学力の特質
教育システム	教育政策のテーマ、スタンダード、改革	具体的な改革、スタンダード、インクルージョンに対するイメージ
社　会	教育や学校に関係する文化的な規範や価値、青少年へのイメージ	規範的な教育目標 モラルの観念

（筆者訳出）

抱く教師の期待は、ピグマリオン効果により知られるところであり、生徒を
どのように認知・判断するかに限らず、生徒の学力への影響も指摘されてい
る。教授・学習にかかわるビリーフは、授業の教授・学習において、実際に
どのような教育方法を採用するのか、学級経営をどのように進めるのか、伝
達型・対話型・社会構成主義型等どのような指導観をもって生徒とのコミュ
ニケーション過程を形成するのかに作用する[37]。

　以下は、インタビュー調査の記録に基づき抽出された、教授・学習コンテ
クストにかかわる教師のビリーフの具体例である。

　　　女性教師のSは、実科学校の教師です。Sさんは、自身の授業において、協同
　　学習の多様な方法を用いることを好んでやります。Sさんは、学ぶことへの生徒
　　たちの考え方や社会的な態度は協同学習を通して改善されると確信しているので
　　す。Sさんは、協同学習は他の授業形態に比べて準備時間がより多くかかること、
　　そして生徒たちの学習成果も必ずしもはっきりしないことから、否定的に見られ
　　ていることも知っています。それでもSさんは、「もちろんグループ活動は簡単
　　にうまくいくものではないので、生徒たちによって学ばれなければなりません。
　　作成した計画を繰り返し用いるのであれば、活動が無駄になってもたいしたこと
　　ではありません。」といいます。彼女には教員研修で新しい方法を覚える機会が
　　あり、多様なグループ活動の方法を取り入れているのです。ちょうど彼女は、第
　　5学年地理の時間の天気のテーマでジグソー法を実施しているところです[38]。

　第三は、教育改革や教育スタンダード、教育の質保証、文化的な異質性や
インクルージョンに抱く具体的な考えである。ドイツでは、学力テストとし
て、ナショナルテストとローカルテストが実施されている[39]。このテスト
を質保証のための管理ツールとしてみるか、あるいは、授業開発のための診
断ツールとしてみるか。後者の考えを抱いている教師が教える生徒の方が、
そうでない教師に教わる生徒よりもコンピテンシーの獲得に優位な成果を収
めることを明らかにした実証的研究もあるという[40]。

　以下は、インタビュー調査の記録に基づき抽出された、インクルージョン
にかかわる教師のビリーフの表出例である。

　　男性教師のMさんは、小学校第3学年を受けもっています。Mさんは、最近の
インクルージョン（包摂）をめぐる議論に細心の注意を払ってついていこうとし
ています。そして、インクルージョンはすばらしいことと考えています。Mさん
は、実際に自身が受けもつ学級に、ダウン症のような障害をもつ生徒がいたとし
たら、やっかいだなとも思っています。結局のところ、学習を困難にしているの
は生来の障害なのかもしれません。そうした障害をもつ子どもたちや彼らの特別
な窮境に対応するための教員養成を受けてこなかったとMさんは感じています。
Mさんからすると、特殊学校（Sonderschule）の教師は、もっと適切に対応する
ことができるように見えます。Mさんは、将来、障害をもつ生徒を自分の授業に
受け入れることを心配しています[41]。

　第四は、子どもや青少年、学校の機能や教育目標に関するイメージである。
社会的機関としての学校は、社会化（Sozialisation）と選別（Selektion）の機
能を有する。学校は子どもたちが社会生活を送るために知識・技能を仲介す
るというのが社会化の機能であり、社会的地位を分配するのが選別機能であ
る。ミュラー他は、教師がどちらの機能をより重視しているかを明らかにす
る研究を行った。このミュラーらの研究によれば、教師は社会化の機能を重
視する傾向がはっきりと表れたことを示した。

　二人の教師S氏とM氏のように、教師は自身がやっていることや授業につ
いて多様な考え方を有し、ある部分では譲ることのできない、きっぱりとし
た考え方（dezidierte Meinung）を所有するまでになり、それが授業づくり、
改革の実現、研修効果に影響を及ぼしている[42]。各教師が有するビリーフ
がこうしたきっぱりとした考え方を生成させている。その「ビリーフは主観
的なものであり、教師ごとに異なるものであり、…ある特定のビリーフを有
する人は、その真実度により確信されている」[43]という。先の教師二人が有
する考え方は、ビリーフが授業づくり（グループ活動の導入）＝授業観や生徒
に関する認知（障害は変えようのないものである）＝子ども観・人間観に影響す
ることを示している。

6. 認識論的ビリーフの三次元

　認識論的ビリーフとは、個人が暗黙のうちに持つ知識や知ることの性質に関する信念のことである[44]。この知識や知識獲得の方法、知識学習の性質に関して教師が所有するイメージは、「認識論的ビリーフ（epistemologische Überzeugung）」[45]や「主体理論（subjektive Theorie）」という概念で把握することができる。このうち認識論的ビリーフについて、高山は、知識の性質に関するビリーフ、知ることの性質に関するビリーフ、知識獲得の性質に関するビリーフに分けられるとしている。知識の性質に関するビリーフは、①知識の確かさ：知識は不変で確かなものか、変化生成するものか、②知識の単純さ：知識は単純で断片的なものか、関係づけられ統合されるものか、にかかわる。知ることの性質に関するビリーフは、①知識の源泉：知識は権威によって与えられるものか、論理的に自分の中で構成されるものか、②知識の確証：知識の真実性は専門家によって評価されるか、証拠に基づいて導かれるか、にかかわる。知識獲得の性質に関するビリーフは、①急速な学習：知識は急速に獲得されるか、ゆっくり時間をかけて獲得されるものかどうか、②学習能力の生得性：知識獲得の能力は生得的なものかどうか、にかかわるという[46]。

　ケラー（Olaf Köller）は、認識論的ビリーフを以下の４つに分けて整理している。その４つとは、①学習は生まれつきで不変のものであるとするかどうか、②知識は断片的なものであり、結びつけられないものであるとするかどうか、③学習は短時間で成立するかどうか、④認識は確かなもので不変であるとするかどうか、として同様の見解を示している[47]。

　ドイツにおいて、この認識論的ビリーフが着目されたのは、TIMSS（第3回国際数学・理科教育調査）においてである。TIMSS報告書において、認識論的ビリーフは、表1-2のように、3つの次元から捉えられていた。

表 1-2　認識論的ビリーフの次元[48]

知識の構造	知識獲得の構造	知識のレリバンス
認識の確実性 －存在論的（実在論的・二元論的）な考え方（普遍的真実としての認識） －相対論的な考え方（コンテキストに依存した認識）	生成の相関性 －客観的事実構成要件の発見としての認識／真実の受容 －社会的構成に導かれる認識	社会的レリバンス
認識の複合性 －個々の事実の累積 －網目状のコンセプト体系	正当性の証明の相関性 －客観的な手続きによる有効性の証明 －到達範囲多様論による共存	個人的レリバンス

IEA. The Third International Mathematics and Science Study. ©TIMSS/III-Germany

（筆者訳出）

　これらは、数学に対する知識観、数学の知識に対する学習観、数学の知識そのものの有用性に対する捉え方や考え方の違いを類型化したものである。

7．プロフェッショナル・コンピテンシーの構成要素： 教科による相違

⑴　政治教育におけるプロフェッショナル・コンピテンシーとビリーフ

　政治教育学において、プロフェッショナル・コンピテンシーのモデルを提供したのは、「教科政治の教師に関するプロフェッショナル・コンピテンシー」（PKP: Professionelle Kompetenz von Politiklehrer/-innen）研究プロジェクトである。政治教育学は「政治学と一般教育学・心理学と教師研究との結合体」[49]と捉えられてきたことに対し、PKP 研究プロジェクトは、教科特有の専門職性の解明に視野を向け、コンピテンシー論による解明を試みたものである。

　図 1-1 は、PKP 研究プロジェクトが描いたプロフェッショナル・コンピテンシーの構成要素モデルである。この図では、プロフェッショナル・コン

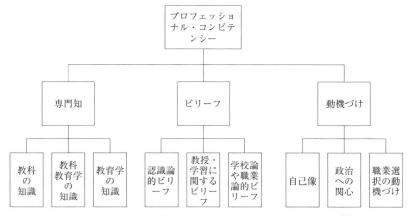

図1-1　政治教育のプロフェッショナル・コンピテンシー[(50)]

（筆者訳出）

ピテンシーは、専門知（Professionswissen）、ビリーフ（belief）、動機づけ（motivationale Orientierung）の3要素を下位に配置する。専門知は、教科の知識、教科教育学の知識、教育学の知識から、ビリーフは認識論的ビリーフ、教授・学習に関するビリーフ、学校論や職業論的ビリーフから、動機づけは自己像、政治への関心、職業選択の動機づけからなる。ビリーフは中央に配置されてはいるものの、専門知や動機づけとは切り離されて並置されている。

⑵　COACTIVにおけるプロフェッショナル・コンピテンシーとビリーフ

　COACTIVとは、中等教育段階における数学の授業の質向上プロジェクトの一つである[(51)]。このドイツを代表するプロジェクトは、「教室における認知的アクティブ化プロジェクト：数学における見識のある学習へと高める学習機会の組織化（Cognitive Activation in the Classroom: The Orchestration of Learning Opportunities for the Enhancement of Insightful Learning in Mathematics）」と英語で表記された。この研究は、中学校・高等学校の数学を対象にした知的アクティブ・ラーニングを扱い、特に、知的に刺激をうけ、知性が揺さぶられ

るようなアクティブな学習へと最適に導くための教師の専門的な資質・能力とは何かという点において、ドイツの一般教授学、とりわけ、教職専門性コンピテンシーにかかわる研究に影響を与えた。

このプロジェクトは、2003年に実施されたPISA調査における調査対象学級の数学担当教師を対象にスタートした。副題に示されたオーケストレーション（Orchestration）とは、ここでは「組織化」と和訳しておいたが、ドイツ教授学の長い伝統の中でしばしば使用される概念である。ちょうどオーケストラが調子を合わせて、一体となって一つの楽曲を奏でる様子を思い浮かべるとよいが、そのイメージ通りに「調和的一致」ないしは「調和的一体化」という意味を含む。1970年代以後のドイツの教授学研究においては、この語が余りに牧歌的であるため、この語に代わりファセット（Facette）＝「輻輳性」が用いられることが少なくない。なお、本プロジェクトのドイツ語表記は、「Professionswissen von Lehrkräften, kognitiv aktivierender Mathematikunterricht und die Entwicklung mathematischer Kompetenz（教師の専門知、認知をアクティブにする数学授業、数学コンピテンシーの開発）」である。

COACTIV は、4つの構成要素を有する教師のプロフェッショナル・コンピテンシーを描いている（図1-2参照）[52]。これらプロフェッショナル・コンピテンシーの4要素は、教職に限らず、いずれの職業においても成果の豊かな行動につながる前提になるものとして説明されている[53]。その4つの構成要素とは、経験に満ちた宣言的知識や手続き的知識としての専門職の知（Professionswissen）、主体理論（個人レベルの指導論）や規範的プライオリティを含むビリーフ・価値的態度・目的（Überzeugung, Werthaltung, Ziele）、動機づけ（motivationale Orientierung）、専門的な自己調整（Selbstregulation）である[54]。このうちの専門職の知は、教科の知識、教科教育学の知識、教育学と心理学の知識、組織づくりの知識、助言のための知識、というコンピテンシー領域で構成される。

図1-2では、専門職の知とビリーフ・価値的態度とが区分されている。こ

れは、「知識とビリーフが異なる認識論的性質（epistemologische Status）を有する」からであるが、「この区別は、学習研究においては貫かれることはなく、敢えて区別しないことも多い」という[55]。知識から切り離し、このビリーフシステムを教育学研究において研究可能な対象として最初に提示した人物として、ビリーフは変わりにくい性質を有するがゆえにその変化の重要性を説いた[56]パハレス（M. Frank Pajares）を COACTIV 報告書は紹介している[57]。この教え方は間違っていないと経験的に確信した特定の教授方法に抱く信念（ビリーフ）は、ある教授方法への知識と、その教授方法への信頼とが結びついて授業中に展開されるものである。しかし、知識とビリーフとの関係性は、一見するところでは密接不可分のように捉えがちであるが、ビリーフを知識に含めるのか、あるいは知識には含めないのかという「ビリーフと知識の境界」は教職専門性や教員のプロフェッショナル・コンピテンシーをめぐる所説において、これまで絶えず争点となってきた[58]。COACTIV

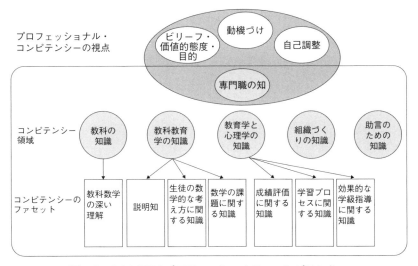

図 1-2　COACTIV プロフェッショナル・コンピテンシー

（筆者訳出）

は、ビリーフと知識の境界において、両者の密接不可分な輻輳作用を認めつつも、モデル提示において分離派を支持していたことがわかる。

　ところで、プロフェッショナル・コンピテンシーの４要素は、教師のライフステージにおいて、教師として身につけることが期待される資質・能力（Qualifikation）のメルクマールである[59]。「高度な知識や順応性のある動機づけなどのすぐれた体現は、効果的な行動を促すものである」[60]。ここでいう効果的な行動の中心ターゲットは、授業を受ける生徒の学習成果や発達過程であり、この学習や発達に効果的かどうかが要所になる。

　この要所について、クンターらは、「効果をもたらす専門的態度は、特に、授業における（教授）行動により決定づけられるものであり、高い質を示したり、生徒たちにすぐれた学習成果をもたらしたりする授業づくりに教師がどのくらい成功しているか、という問いにつきるものである」[61]と説く。しかしながら、「同時に考えなければならないことは、授業は教師の労働時間の半分に過ぎないということであり、教師にはこれ以外に、授業の準備や課題への赤入れ、管理運営上の課題、生徒や親との相談、同僚たちとの同意形成、教員研修なども主な仕事として入ってくる。とはいえ、そうだとしてもこれら授業以外の半分の仕事をいかに授業の成否につなげていくか」[62]が重要だという。

　カルダーヘッド（James Calderhead）は、①学習者と学習に関するビリーフ、②授業することに関するビリーフ、③教科に関するビリーフ、④授業するための学習に関するビリーフ、⑤自分自身に関するビリーフに分けている[63]。ウルフォークホイ（Anita Woolfolk Hoy）らは、①教師としての自身の力量に関するビリーフ、②教師の役割に関するビリーフ、③数学の知識に関するビリーフ（認識論的ビリーフ）、④数学の学習と教授に関するビリーフ、⑤学校における文化的異質性に関するビリーフに分けている[64]。これらは、自己に関するビリーフ、教授・学習（授業）に関するビリーフ、教育システムや社会的文脈に関するビリーフに大別することができる。

8．おわりに

　PKP 研究プロジェクトと COACTIV のプロフェッショナル・コンピテンシーモデルを比較すると、ビリーフの位置づけが異なる。COACTIV は教職専門職の知の背景をなすものとして、動機づけ、自己調整（自己選択）とともにビリーフを位置づけている。この知の背景をなす三者はプロフェッショナル・コンピテンシーが包摂するかたちで描かれていて、截然と区分されていない。一方、PKP 研究プロジェクトのプロフェッショナル・コンピテンシーでは、その構成要素の一つとしてビリーフを配置し、専門知と切り分けている。認識論的ビリーフは、「個人が暗黙のうちに持つ知識や知ることの性質に関する信念」、即ち、知識や知識獲得の方法、知識学習の性質に関して教師が所有するイメージであることからすると、ビリーフを専門知と切り分けてしまうと専門知に配置した教科の知識や教科教育学の知識との不整合が生じる。これでは教職専門性の深部で機能するビリーフ概念の意味が失われてしまうことになる。さらに PKP 研究プロジェクトのプロフェッショナル・コンピテンシーモデルでは、ビリーフの下位に教授・学習に関するビリーフを配置している。これは、「意思決定の過程」＝授業過程での思考や判断に作用する要因として見るだけなら適合しているだろう。しかし、プロフェッショナル・コンピテンシーの下位に並置された専門知と動機づけ、その中でも専門知の下位には教科の知識、教科教育学の知識、教育学の知識が配置されている。これらは教授・学習に関するビリーフと密接な関係を有するものであり、このことからも、PKP 研究プロジェクトのモデルは整合性を欠いていると判断される。

　「観」の次元での考察には、ビリーフを教職専門職の深部で働く知の有力な背後要因と位置づけたうえで、専門職の知の構成要素として、表出する各種の知識、即ち、教科の知識、教科教育学の知識、教育学と心理学の知識、

組織づくりの知識（学校経営・学級経営の知識）、助言のための知識を配置した方が、これらの知に深部で作用するビリーフの機能性が明確になり、ビリーフを論じることの妥当性も高まるといえる。

【註】

（1） Vgl. Reusser, Kurt/ Pauli, Christine: Berufsbezogene Überzeugungen von Lehrerinnen und Lehrern. In: Terhart, Ewald/ Bennewitz, Hedda/ Rothland, Martin（Hrsg.）: Handbuch der Forschung zum Lehrerberuf. 2. überarbeitete und erweiterte Auflage, Waxmann Verlag 2014, S. 642-661.

（2） 平山るみ・楠見孝「日本語版認識論的信念の尺度構成と批判的思考態度との関連性の検討」『日本教育工学会論文誌』第34号、2010年、p. 157。

（3） 野村亮太・丸野俊一「授業を協同的活動の場として捉えるための認識的信念―仮説的世界観措定仮説の検証―」『教育心理学研究』第62巻第4号、2014年、p.258。引用文中の出典表記は略してある。

（4） 宇都宮は、日本におけるビリーフ研究を、①教師は生徒の学習状況をどのように把握し、どのように意思決定をなすのかといった授業における認知過程に関する研究、②授業において教師はどのような知識を有し、機能させているのかという知識の特性に関する研究、③教師は有する知識に基づいてどのようにして実践的な知識を形成しているのかという知識の形成に関する研究、という3つに分類している（宇都宮明子「スイスドイツ語圏における歴史教師のビリーフ研究に関する考察」『島根大学教育学部紀要』第53巻、2020年、p. 27）。

（5） 工藤多恵・志田あゆみ・楠木理香「外国語教師に対する学習者の習熟度別ビリーフ」『金城学院大学論集人文科学編』第5巻第1号、2008年、pp. 27-39。

（6） 波多野五三「英語教師のビリーフに関する考察―成長指標としての構成主義的授業観―」『英語英米文学研究』第18号、2010年、pp. 105-161。康鳳麗・森脇健夫・坂本勝信「日本語教師の『熟練性』の研究―熟練教師の目標概念の多層性、ネットワークと機能に着目して―」『鈴鹿医療科学大学紀要』第22号、2015年、pp. 31-44。吉田実久「日本の公立中学校理科教員の考える専門的成長：現象学的アプローチからの一考察」『日本科学教育学会研究会研究報告』第32巻第5号、2017年、pp. 61-64。

（7） 前掲書（4）、pp. 27-36。嶽肩志江・坪根由香里・小澤伊久美・八田直美「PAC分析と質問紙調査併用によるビリーフ研究―あるタイ人日本語教師の事例より―」

『横浜国立大学留学生センター教育研究論集』第20号、2012年、pp. 93-114。稲葉みどり「小中学校教師の外国語学習のビリーフの特徴―教師間、及び、大学生との比較―」『愛知教育大学研究報告人文・社会科学』第64号、2015年、pp. 19-27。星摩美「日本語教師の持つビリーフの要因と変化に関する縦断的研究」『人間社会環境研究』第28号、2014年、pp. 33-50。

（8）中村恵子「面接法による教師の学習観の研究」『現代社会文化研究』第31号、2004年、pp. 211-225。

（9）鈴木郁子「学校教師のビリーフに関する研究―小学校・中学校・高等学校教師の比較―」『人文学部研究論集』第19号、2008年、pp. 41-51。秋田喜代美は、イラショナル・ビリーフを、「絶対に～ねばならない」という強迫的な信念として捉えている。ここでは、信念の中身ではなく、信念の強さが着目されており、教師の意図どおりに児童を統制・方向づけようとする信念、教育実践においては学級全体の向上が基本であるという集団主義の信念、学級運営の規則・慣例は守らねばならないという信念が抽出されている（秋田喜代美「教師の信念」『教育工学事典』実教出版、2000年、p. 195参照）。宮本秀雄「小学校教師の特別支援教育に関するイラショナル・ビリーフがメンタルヘルスに及ぼす影響」『山口学芸研究』第6巻、2015年、pp. 55-66。

（10）秋田喜代美「教師の知識と思考に関する研究動向」『東京大学教育学部研究紀要』第32巻、1992年、p. 221。

（11）同上、p. 222。

（12）同上参照。

（13）前掲論文（6）（2015年）、p. 32。この論文では、1990年代以降、教師の熟達化研究は大きな転換を迎え、「技術的熟達者像から反省的実践家像へ」という教師の専門家像が転換したと説明している。

（14）前掲論文（10）、p. 221参照。

（15）同上、pp. 221-222参照。

（16）同上、p. 227参照。

（17）秋田喜代美「教師の信念」『教育工学事典』実教出版、2000年、p. 194。

（18）秋田喜代美「教師の意思決定」『教育工学事典』実教出版、2000年、p. 189参照。

（19）同上書、p. 194。

（20）同上。

（21）前掲論文（3）、p. 258。

（22）同上。

22

（23）同上。

（24）同上。

（25）同上。

（26）同上。

（27）前掲論文（2）、p. 160。

（28）高垣マユミ「認知的／社会文化的文脈を統合した学習環境のデザイン研究」『心理学評論』第54巻第3号、2011年、p. 372参照。

（29）同上、p. 373。

（30）同上。

（31）同上、pp. 374-375参照。

（32）同上、p. 375。なお、引用文中内の出典表記は省略し、丸括弧内は筆者により補記した。

（33）前掲論文（3）、p. 259。

（34）前掲論文（7）（2014年）、p. 35参照。

（35）Wilde, Annett/ Kunter, Mareike: Überzeugungen von Lehrerinnen und Lehrern. In: Rothland, Martin（Hrsg.）: Beruf Lehrer/Lehrerin. Waxmann 2016, S. 302.

（36）Wilde, Annett/ Kunter, Mareike 2016, S. 302.

（37）Vgl. Wilde, Annett/ Kunter, Mareike 2016, S. 302.

（38）Wilde, Annett/ Kunter, Mareike 2016, S. 299.

（39）原田信之「ドイツのカリキュラム・マネジメントと授業の質保証」同編著『カリキュラム・マネジメントと授業の質保証』北大路書房、2018年、pp. 93-121参照。

（40）教師のビリーフ研究は、ドイツにおける学力テストを対象に近年も取り組まれている。
Vgl. Dirk Richter/ Katrin Böhme/ Michael Becker/ Hans Anand Pant/ Petra Stanat: Überzeugungen von Lehrkräften zu den Funktionen von Vergleichsarbeiten. Zeitschrift für Pädagogik, 60(2), 2014, S. 225-244.

（41）Wilde, Annett/ Kunter, Mareike 2016, S. 299-300.

（42）Vgl. Wilde, Annett/ Kunter, Mareike 2016, S. 300.

（43）Wilde Wilde, Annett/ Kunter, Mareike 2016, S. 300.

（44）前掲論文（3）、p. 257参照。

（45）日本における認識論的ビリーフ（認識論的信念）の先行研究には、以下のものがある。平山るみ・楠見孝「日本語版認識論的信念の尺度構成と批判的思考態度と

の関連性の検討」『日本教育工学会論文誌』第34号、2010年、pp. 157-160。高山草二「認識論的信念の次元に関する再検討」『島根大学教育学部（人文・社会科学)』第45巻、2011年、pp. 57-62。前掲論文（3）、pp. 257-272。永山貴洋「小学校教員養成課程に在籍する大学生の体育授業についての認識論的信念の質的分析」『石巻専修大学研究紀要』第27号、2016年、pp. 83-91。

（46）同上論文（2011年）、p. 57。

（47）Köller, Olaf/ Baumert, Jürgen/ Neubrand, Johanna: Epistemologische Überzeugungen und Fachverständnis im Mathematik- und Physikunterricht. In: Baumert, Jürgen/ Bos, Wilfried/ Lehmann, Rainer (Hrsg.): TIMSS/III Dritte Internationale Mathematik- und Naturwissenschaftsstudie -Mathematische und naturwissenschaftliche Bildung am Ende der Schullaufbahn. Band 2, mathematische und physikalische Kompetenzen am Ende der gymnasialen Oberstufe. Leske + Budrich 2000, S. 230.

（48）Köller, Olaf u. a. 2000, S. 233.

（49）Weißeno, Georg/ Weschenfelder, Eva/ Oberle, Monika: Empirische Ergebnisse zur professionellen Kompetenz von Politiklehrer/-innen. In: Hufer, Klaus-Peter/ Richter, Dagmar (Hrsg.): Politische Bildung als Profession. Bundeszentrale für politische Bildung 2013, S. 188.

（50）Weißeno, Georg u. a. 2013, S. 189. 以下の文献にも同じ図が掲載されている。Weißeno, Georg/ Weschenfelder, Eva/ Oberle, Monika: Überzeugungen, Fachinteresse und professionelles Wissen von Studierenden des Lehramts Politik. In: Weißeno, Georg/ Schelle, Carla (Hrsg.): Empirische Forschung in geisteswissenschaftlichen Fachdidaktiken. Springer VS 2015, S. 141. ヴァイセノ他は、教科政治を専科にする教師の専門的行為コンピテンシーモデル（Modell professioneller Handlungs-kompetenz von Politiklehrer/-innen）と呼んでいる。

（51）最初のCOACTIV研究プロジェクトは、ドイツ学術振興会の助成（「学校教育の質」重点研究）を受け、マックスプランク教育研究所、カッセル大学、オルデンブルク大学の連携により実施された。

（52）Kunter, Mareike/ Baumert, Jürgen/ Blum, Werner u. a. (Hrsg.): Professionelle Kompetenz von Lehrkräften, Ergebnisse des Forschungsprogramms COACTIV. Waxmann Verlag 2011, S. 32. 宇都宮2020年でもCOACTIVのプロフェッショナル・コンピテンシーモデルが示されているが、本稿ではこのモデルを修正した改正版モデルを取り上げた。

24

（53）Kunter, Mareike u. a. 2011, S. 58.

（54）Kunter, Mareike u. a. 2011, S. 33.

（55）Kunter, Mareike u. a. 2011, S. 41.

（56）パハレスは、第一に、早期に形成されたビリーフほど変化しにくくなること、第二に、成人になってからのビリーフの変化はまれであるとして、ビリーフの変わりにくい性質を説明している（山田智久「教師の成長におけるビリーフの変化」北海道大学提出博士論文、2014年、p. 9参照、https://eprints.lib.hokudai.ac.jp/dspace/bitstream/2115/58133/1/Tomohisa_Yamada.pdf：最終アクセス2022年10月1日）。ただし、ビリーフの変化については、不変性の立場、可変性の立場、強弱依存性の立場など、見解は未だ定まっていない。

（57）Vgl. Kunter, Mareike u. a. 2011, S. 41.

（58）前掲論文（56）、p. 6参照。

（59）Vgl. Kunter, Mareike u. a. 2011, S. 58.

（60）Kunter, Mareike u. a. 2011, S. 58.

（61）Kunter, Mareike/ Kleickmann, Thilo/ Klusmann, Uta/ Richter, Dirk: Die Entwicklung professioneller Kompetenz von Lehrkräften. In: Kunter, Mareike/ Baumert, Jürgen/ Blum, Werner u. a. (Hrsg.): Professionelle Kompetenz von Lehrkräften, Ergebnisse des Forschungsprogramms COACTIV. Waxmann Verlag 2011, S. 59.

（62）Kunter, Mareike u. a. 2011, S. 59.

（63）Calderhead, J. (1996). Teachers: Beliefs and knowledge. In D. C. Berliner & R. C. Calfee (Eds.), *Handbook of educational psychology* (pp. 709-725). Macmillan Library Reference. Vgl. Kunter, Mareike u. a. 2011, S. 235.

（64）Woolfolk Hoy, A., Davis, H., & Pape, S. J. (2006). Teacher knowledge and beliefs. In P. H. Alexander & P. H. Winne (Eds.), *Handbook of educational psychology (2nd ed.)* (pp. 715-737). Routledge. Vgl. Kunter, Mareike u. a. 2011, S. 235.

第2章　英米圏の教育研究における
教師のビリーフ研究

1．はじめに

　本章は、アメリカを中心とする英米圏の教育学ないし教育心理学分野の論考を主な手がかりとして、そこで教師のビリーフ研究が提起してきた諸課題を確認することを目的としている。

　2015年にラウトレッジ社より『教師のビリーフ研究国際ハンドブック (*International Handbook of Research on Teachers' Beliefs*)』（以下『ビリーフ研究ハンドブック』）[1] が刊行された。これは、教師のビリーフ研究に特化したレビュー論文集である。以下、フロリダ大学で心理学の歴史について教えていた教育心理学者のアシュトン（Patricia T. Ashton）による『ビリーフ研究ハンドブック』採録の論考「教師のビリーフ研究の歴史的概観と理論的パースペクティヴ」[2] に従い、この研究分野の展開過程と課題を明らかにしていきたい。

2．教育心理学者による研究史の記述

(1)　資料としてのレビュー論文群

　教師のビリーフ研究は、いつ始められたと考えられてきたのだろうか。

　『ビリーフ研究ハンドブック』の編者の1人である、モントクレア州立大学のファイブズ（Helenrose Fives）と、ジョージ・メイソン大学のビュール（Michelle M. Buehl）の2人の教育心理学者が執筆した2012年の論考によれば、その始まりは、1953年に学術雑誌 *Journal of Educational Research* に掲載

された論文に求めることができるという$^{(3)}$。他方、アシュトンは、教師の
ビリーフの研究への関心は過去60年にわたって徐々に発展してきたと述べて
おり$^{(4)}$、両者の見解は一致をみている。

　こうしたタイムスパンで教師のビリーフ研究の歴史を執筆するにあたり、
アシュトンは、1960年代から2010年代までのあいだに発表された、教育学お
よび教育心理学の論文を資料として用いている。資料は、主として教授研究
と教育心理学の論文集に掲載されたレビュー論文から選ばれた。

　その論文集の一つが『教授研究ハンドブック（*Handbook of Research on
Teaching*)』である。これはアメリカ教育学会（American Educational Research
Association、以下 AERA）の事業としてまとめられたもので、2015年の時点
で第4版まで刊行されている$^{(5)}$。アシュトンは、これらのなかで教師のビ
リーフ研究の歴史に関連する8編に注目した。

　他方、教育心理学の論文集は、1996年から2012年のあいだに刊行された以
下の3冊が取り上げられている。いずれもアメリカ心理学会（American
Psychological Association、以下 APA）が手がけたものであり、具体的には1996
年と2006年の2つの版の『教育心理学ハンドブック（*Handbook of Educational
Psychology*)』と、2012年の『APA 教育心理学ハンドブック（*APA Educational
Psychology Handbook*)』の第2巻である$^{(6)}$。アシュトンは、これらに採録さ
れた「教師」と「ビリーフ」をタイトルに含む5編を中心に紹介した。

　加えて、AERA による *Review of Educational Research*、APA による
Educational Psychologist を含む教育学と教育心理学の学術雑誌に掲載され
た論文も、アシュトンは視野に収めており、特に1985年から1992年にかけて
刊行された4編の論文$^{(7)}$が重視されている。それらは「ビリーフ」と、「教
師」ないし「教授（teaching）」をタイトルに含み、これまでの日本の教師の
ビリーフ研究$^{(8)}$においてもしばしば参照されてきたものである。

　以上のほか、アシュトンの論文には、1990年と1996年に刊行された『教師
教育研究ハンドブック（*Handbook of Research on Teacher Education*)』に掲載

された論考への言及も見られた[(9)]。

⑵　記述の軸をなす2つの課題

　アシュトンによる教師のビリーフ研究史の記述は、ビリーフをどのように理解するか、研究の目的や意義は何か、という2つの課題を軸に展開されている。

　まずビリーフの捉え方については、過去に教育研究者や心理学者によって示されてきた様々な理解がまとめられている。そもそも、『ビリーフ研究ハンドブック』の編者であるセントラル・フロリダ大学の教育心理学者ジル（Michele Gregoire Gill）とファイブズは、同書の序章のなかで、先行研究からビリーフについての一貫した定義を見出そうとすることは、壮大な探求だと指摘する[(10)]。アシュトンが描き出したのは、教師のビリーフに対する共通理解を欠いた状態で継続してきた研究の歴史と言える。

　2つめの課題である研究の意義をめぐる議論には、教師教育の改善に資する研究を理想に掲げる心理学者らの姿勢が反映されている。そのため、積み重ねられてきた研究成果に対する評価は、アシュトンをはじめ厳しくなりがちである。教師のビリーフ研究に携わってきた研究者らは、その成果がアメリカの教育界に何らかのポジティヴな変化をもたらしたという確証を持つに到っていない。

　そもそも、教職課程の学生や現職教員を対象にした研究からは、後述するように、彼らのビリーフは変化しにくいという知見が得られてきた。教師教育において、学生らのビリーフにはたらきかけることが持つ効果が確かではないなか、現実世界への貢献という研究目的の達成は、至難のプロジェクトと見られることになる。

　このあとの第3節と第4節では、アシュトンの記述のなかでも、上記の2つの課題と関連が深いと考えられる論文を、1990年代初頭以前と1990年代半ば以降に分けて取り上げ、教師のビリーフ研究の歴史を辿ることにしたい。

3．初期の研究

⑴　教師教育の改善という動機

　アシュトンによれば、ビリーフのような認知的な構成概念についての研究
は、1940〜50年代の行動主義理論が支配的な環境下では奨励されていなかっ
た[11]。そうした状況は、1963年、73年、86年に刊行された『教授研究ハン
ドブック』（初版〜第3版）の巻末索引に「教師のビリーフ」の項目がないこ
とによく表れているという。とはいえ、彼女はこれらの論文集から教師のビ
リーフとの関連が認められる論考を選び出し、研究史上の意義を論じている。

　その一つが、1963年の初版に採録された、シカゴ大学の心理学者のゲッツ
ェルス（Jacob W. Getzels）とジャクソン（Philip W. Jackson）によるレビュー
論文「教師の人格と性格」[12]である。そこでは、1951年にミネソタ州立大学
の教育心理学者のクック（Walter W. Cook）らが発表したミネソタ教師自己
診断目録（Minnesota Teacher Attitude Inventory、以下MTAI）[13]に関する研究
が取り上げられている。MTAI は教員養成課程の学生の選考や教員採用の
場面で用いられることが想定されており、児童生徒とうまく対人関係を築い
ていけるか、教職にどの程度満足するかをあらかじめ把握するのに役立つと
されていた[14]。

　態度（attitude）の語を含む MTAI は、アリゾナ大学の教育研究者リチャ
ードソン（Virginia Richardson）によれば、教師の態度に関する代表的な尺度
の一つである[15]。こうした態度研究は、1950年代初頭から1970年代初頭に
かけて全盛期を迎えた[16]。アシュトンはこの MTAI について「明らかに教
師のビリーフのアセスメントに基づいていた」[17]として、教師のビリーフ研
究の先駆けと位置づけている。

　なお、リチャードソンは、態度研究からビリーフ研究への転換を、研究者
の態度の捉え方のなかに見ている[18]。参照されたのは、1960年代後半のミ

シガン州立大学のロキーチ（Milton Rokeach）と、イリノイ大学のフィッシュバイン（Martin Fishbein）の2人の心理学者による態度についての異なる定義であり、ロキーチがビリーフの概念を態度に含めていたのに対して[19]、フィッシュバインは態度からビリーフを切り離したという。具体的には、後者は、態度に含まれる感情、認知、行動の3要素のうち、感情的要素のみを態度概念に残し、認知的要素を対象物についてのビリーフ、ならびに行動的要素を対象物に関してなされるべきことについてのビリーフとして捉えていた[20]。

　リチャードソンによれば、この頃から社会心理学の分野で認知への関心が高まり、教育および教師研究の焦点は態度からビリーフへと移行した[21]。

　1980年代になると、教師のビリーフをタイトルに含む論文が発表されるようになる。たとえば1985年には、*Teaching and Teacher Education* 誌にミシガン州立大学の教育心理学者のフローデン（Robert E. Floden）による「教師のビリーフの変化におけるレトリックの役割」という論文が掲載されている。

　アシュトンによれば、当時、教育研究者は、教員養成や現職研修で、学生や教師に対し、実験による教授研究の成果に基づいた授業実践を求めることの適切さをめぐって議論を始めており、そのなかで、教育内容や方法を決定する際に教師が依拠するビリーフに関心が集まっていたという[22]。フローデンが上記の論文で紹介した議論は、研究者や教師教育者が学生と現職教員に対して、研究の知見を教育実践の正しい解決策として受け入れるよう求めるのではなく、教える者と学ぶ者のあいだの討議を重視し、学生らが下した決定を尊重すべきというものであった。これらは教師のビリーフを正面から研究した結果に基づいた議論ではなく、本格的な研究をレビューした論文の登場は1990年代を待たなければならなかった。

⑵　ビリーフの構造と機能に迫る研究の展開

　アシュトンは、1986年に出版された『教授研究ハンドブック』第3版の複数の章が、教師のビリーフ研究の出現の基礎になるような研究のレビューを行っていたと述べているが[23]、その後に発表された有力な論文として彼女が評価するものの一つが、テキサス大学オースティン校の教育学者ネスパー（Jan Nespor）の「教育実践におけるビリーフの役割」である。これは、1987年の *Journal of Curriculum Studies* 誌に掲載された。

　ネスパーの問題意識は、教師の思考や理解は教育実践の重要な構成要素であるとの考え方が受け入れられているにもかかわらず、教師のビリーフそのもの、とりわけその構造や機能に注意が向けられてこなかったことにある[24]。彼はビリーフ体系について理論的に根拠のあるモデルが必要との考えに基づき、第7学年ないし第8学年を担当する8名の数学、英語、歴史の教師を対象に調査を行った。

　アシュトンがこの論考に関心を寄せているのは、ネスパーが、知識体系とは異なるビリーフ体系の特徴について論じたイェール大学の心理学者エイベルソン（Robert P. Abelson）のビリーフ理解に依拠してデータを分析していたことにある。なかでもビリーフには情動や感情の要素が内在するというエイベルソンの見方に、アシュトンは焦点を当てて紹介している[25]。

　この情動や感情というビリーフの要素は、ネスパーによれば、記憶のなかにある出来事がインデックス化され、想起されるとき、また想起された出来事が再構成される際に影響を与えるという[26]。このようにビリーフは知識や情報の整理に重要な役割を果たすため、かならずしも構造が明確でない問題を教師が理解しようとするときに、知識や理論に比べて頼りにされていると彼は指摘した。

　1990年代に入ると、教師のビリーフ研究の蓄積は着実に進んでいった。

　アシュトンは1992年に刊行された2編のレビュー論文を取り上げているが、そのうちの1つは *Educational Psychologist* 誌掲載のアラバマ大学のケイ

ガン（Dona M. Kagan）による論文「教師のビリーフ研究が意味すること」である。ここでは、25編の教師のビリーフ研究を分析した結果がまとめられている。ケイガンはそのなかで、教師のビリーフは安定しており、教育研究から得られた知見を実践に応用しても教職課程の学生や現職教員のビリーフに変化は起きないという議論に注目した[27]。

また、同年に刊行されたもう1編のレビュー論文は、*Review of Educational Research* 誌に掲載された、当時フロリダ大学に在籍する大学院生だった教育心理学者パハレス（M. Frank Pajares）による「教師のビリーフと教育研究―散らかった構成概念を整理する―」である。アシュトンは、この論文について「教師のビリーフ研究の進展を妨げてきた混乱を解き明かすことにフォーカスした」[28] ものと紹介し、ビリーフ研究に取り組む教師教育者や研究者にとって欠かせない文献と評価している。

パハレスは、態度や認知といった心理学上の構成概念が増え、混乱状況が生まれた原因を、先行研究がビリーフと知識の関係を適切に説明してこなかったことに求めた[29]。

その一例として彼は、ネスパーの両者における感情と評価の要素の捉え方に着目した。ネスパーは上述の1987年の論文中で、ビリーフは知識と比べて強い感情と評価の要素を持つのに対し、知識は認知と結びついており、感情はその認知から独立して機能していると主張している[30]。こうしたネスパーの理解に対してパハレスは、判断や評価なくして知識が存在できるのかと問い、知識も感情および評価の要素を持つと反論した。

アシュトンは、パハレスがこうしたビリーフと知識の関係だけでなく、次のようにビリーフ研究の教員養成への貢献をめぐって問題提起していることにも触れている[31]。

　　教育的ビリーフ（educational beliefs）の研究により、ビリーフと、教師の実践・知識、児童生徒の成績のあいだの関係についての見識が示されないのであれば、研究の成果はないも同然だろう。教師教育者に対して、たとえば、教育的ビ

リーフを教員養成プログラムの最重点にするよう迫るのは簡単である。しかし、次のような研究成果がないまま、そうすることは可能だろうか。すなわち必要とされるのは、効果的な教育実践や児童生徒の認知的・感情的成長と一致するビリーフ、そうした目的と一致しないビリーフ、重要な役割を果たさないビリーフを明らかにする研究上の知見である[32]。

　ここまでのアシュトンによるレビューからは、1990年代初頭には教師のビリーフの性質に迫る研究に着手されるようになった分だけ、それに対する基本的な理解が錯綜する状況が生まれたことがわかる。また、教師のビリーフを対象とする研究は増えたものの、教師教育への還元という点では期待されたほどの進展はないとの懸念も示されるようになっていたことが明らかになった。こうした課題の解決は、1990年代半ば以降の教育心理学者に託されることになる。

4．流行期の課題

⑴　ビリーフをめぐる混乱の継続

　『教育心理学ハンドブック』は1996年に創刊され、そこには『教授研究ハンドブック』の初版から第3版までとは異なり、ビリーフの語をタイトルに含む論考が採録されている。

　それは英国バース大学のカルダーヘッド（James Calderhead）による「教師たち―ビリーフと知識―」であり、1987年のネスパー、1992年のパハレスによる論文を含む教師のビリーフ研究の動向を整理している。そのなかでカルダーヘッドは、教師のビリーフと授業実践との関係に言及したが、アシュトンはこのトピックを「最も今日的なもの」[33]と呼び、高い関心を寄せている。カルダーヘッドが取り上げたのは、現職研修への参加者を対象とする2つの研究から得られた知見であった。一方の研究が、教師の行動の変化が良い結果をもたらせば、そのあとにビリーフも変化すると理解するのに対し、他方

は、ビリーフと行動が絶えず相互に作用し合うことを見出し、この両者のいずれかの変化によって教師の職能が成長すると考えたのである[34]。アシュトンは、この研究課題へのさらなる取り組みの必要性を訴えている[35]。

1996年刊の『教育心理学ハンドブック』の初版には、カルダーヘッドが執筆したもの以外に、タイトルにビリーフの語を含む論考は収められていない。しかしアシュトンは、スタンフォード大学のスノー（Richard E. Snow）らによる感情とモチベーションの個人差をテーマにした論考[36]がビリーフをめぐる議論を展開していることに注目した。そこでは、教育分野におけるビリーフ研究の多くが行っているのは認知的な分析であり、それはビリーフが持つ感情と意欲の側面を無視しているとの主張が見られるという[37]。このスノーらの主張に従えば、論考中の先行研究では、ネスパーとパハレスのビリーフ理解が踏まえられていないということになる。

また2006年には、『教育心理学ハンドブック』の第2版が刊行された。この論文集にはビリーフの語をタイトルに含む論考が2編収められているが、アシュトンは、これを教師のビリーフ研究の勢力が拡大したことの表れと見ている[38]。

まずオハイオ州立大学のウルフォークホイ（Anita Woolfolk Hoy）らの「教師の知識とビリーフ」では、1995年以降の教師の知識とビリーフの研究がレビューされている[39]。その上で、取り組まれるべき研究課題として彼女らは、教師のビリーフの変化と生徒の学業成績への影響のあいだの関係の解明を挙げ、理論とエビデンスに基づく研究デザインの開発を促している[40]。

もうひとつの論考は、ペンシルベニア州立大学のマーフィー（P. Karen Murphy）とイタリア・パドヴァ大学のマソン（Lucia Mason）の「知識とビリーフを変えること」である。マーフィーとマソンは、知識とビリーフの区別と、教師のビリーフの変化という2つのテーマに関する研究論文のレビューに取り組んだ[41]。前者については、知識とビリーフには共通性があるものの、知識には正しさを対外的に証明する必要があるという点がビリーフと異なる

と論じた。後者に関しては、ビリーフの変化に迫る様々なアプローチを統合した理論の必要性を主張している。最後にマーフィーとマソンは、プラグマティズムの創始者であるパース（Charles Sanders Peirce）のビリーフの捉え方に回帰することを提案しているという。彼女らによれば、われわれには、自らのビリーフに基づいた行動が予想された結果をもたらすよう期待する習慣がある。こうした習慣の総和から、何かを本当だと信じること（ビリーフ）が成り立っており、逆に、ある行動が予想外の結果をもたらせば、その行動を促したビリーフへの疑念が生じるのである[42]。こうしたビリーフ理解に対してアシュトンは「単純で魅力的」としつつも、「散らかった構成概念を捉える際に求められる複雑さを欠いている」[43]と批判的な見解を示している。

　アシュトンが取り上げた最後の論考は、マーフィーとマソンとは対照的に、教師のビリーフの複雑さに焦点を当てるものである。2012年刊行の『APA教育心理学ハンドブック』に採録されたファイブズとビュールのレビュー論文は、745編以上にのぼる ERIC、PsycINFO、PsycARTICLES の検索結果（2009年8月時点）をもとに執筆されている。そのなかで著者は、「教師の実践におけるビリーフの表出は複雑であり、先行研究において教師のビリーフによって何が意味されるのかについての理解は曖昧なままである」[44]という問題意識に基づき、教師のビリーフの捉え方をめぐる混乱状況の整理を試みている。この課題設定には、20年前のパハレスの論文から基本的に変化が認められない。

　アシュトンは、教師のビリーフの複雑さは、特に様々なビリーフの実践を支持または抑制する要因をめぐる議論に表れているというファイブズとビュールの見方に注目している[45]。これらの主な要因には、内的なものとして自己効力感および個人のアイデンティティについてのビリーフ、知識、外的なものとして文化や教育政策があるというが、彼女らは研究者に対し、これらを総合的に検討し、教師が様々なビリーフを実践しようとする際に最も影響力を持つ要因を特定する必要があると提言した[46]。そうすることで、教

師のビリーフ研究が長年抱えてきた課題を克服できると考えているのである。

(2)　研究の将来展望

　アシュトンは最後に、教師のビリーフ研究の今後の課題として、次の2点を挙げている。これらは、ファイブズとビュールが2012年の論考で既に指摘しているものでもあるという。

　第一は、「より野心的で洗練された総合的な研究」[47]への取り組みである。教師のビリーフについての先行研究に見られる少人数を対象にした質的研究は、アイディアの源泉でありながらも、得られた知見の正しさの証明という点で不十分な水準にとどまらざるを得ないことが示唆されている。研究によって知見にばらつきがあることで、教師のビリーフ研究への信頼性が損なわれかねないことをアシュトンは懸念しているのである。その上で彼女は、教員養成機関と教育行政機関が共同で実施する、教師と児童生徒のビリーフが教授および学習に与える影響を明らかにする生態学的研究[48]、すなわち学校や学区といった集団を対象にした総合的な調査を企画することを提案する。

　第二は、研究成果に従って教師のビリーフを変えることにつきまとう「倫理的なジレンマ」[49]に自覚的になることである。ファイブズとビュールは、多くのビリーフは特定の価値観に基づいたものであり、それゆえにビリーフを変えるどんな試みも倫理的な性格を帯びると述べている[50]。これに加えて、研究者や学校管理職、教師教育者は、教師のビリーフを変える前に、新しいビリーフが教師のそれぞれの文脈のなかで有利にはたらくかどうかを注意深く検討しなければならないと訴えた。これを受けてアシュトンは、こうした課題に対処するために、教師のビリーフへの介入には理論的・実証的な根拠が必要だと説いている[51]。

　このようにアシュトンは、教師のビリーフ研究が、教師教育への貢献という初期から掲げてきた目標の先に進むことを促している。つまり、研究対象を児童生徒にも広げ、ビリーフの観点から教授と学習の望ましい関係を実証

的に追究するなど、新たな展開を遂げることを期待しているものと考えられる。

5．おわりに

　本章では、アメリカにおける教師のビリーフ研究が発展を遂げた1980年代以降の動向を中心に検討してきた。そこから明らかになったのは、ビリーフの定義という、研究の基礎的な部分で見解の一致がいまも形成されていないことである。

　アシュトンのレビューには、この課題の克服への道筋は示されていないが、教師のビリーフ研究の信頼性を高める方策として、生態学的研究のような総合的な調査の企画・実施が提案されている。この提案の基盤には、研究の信頼性は、調査のサンプル数を大きくすることだけでなく、最終的に教育実践の改善と、その結果としての教師および児童生徒のウェルビーイングの向上によって担保されるという考えがある[52]。そこからは教師と児童生徒という生身の研究対象への責任の意識がうかがえる。

　しかしながら、アシュトンの提案は、研究遂行上の問題を抱えているように思われる。

　そもそもビリーフの概念が定まらない状況のまま、大規模で総合的な調査を行うのは困難だが、実現可能性を別にしても、何をもって教育上の良い結果と考えるのかという根源的な問題から、ビリーフ研究もまた逃れられないということは重要だろう。短期的に測定できる教科の成績の向上を評価基準とした瞬間に、その測定の妥当性と正当性に疑念が生じる。すなわち、評価する側の教育的価値観もまた一種のビリーフであり、こうした研究は参加する教師と研究者、そして学習者も含む対話としての性格を免れず、それを果たして大きな規模で有意義に行うことができるのかという懸念が残るのである。

　現実への貢献を急ぐあまり、学問的な誠実さが軽んじられ、またファイブズとビュールが述べる倫理面での瑕疵が生じることのないよう、規模の大小にかかわらず基礎的な研究の積み上げが期待される。

【註】

（1）Fives, H., & Gill, M. G. (Eds.). (2015). *International handbook of research on teachers' beliefs*. Routledge.

　　この論文集は27章から構成されているが、半数以上の16章分の執筆に心理学研究者（そのほとんどは教育心理学者）が参加している。また、全執筆者（58名）のうちアメリカの大学に所属する者が約8割を占める。残りの約2割はカナダ、オセアニア、欧州および中東地域の大学所属の研究者である。他方、各章で参照された文献の著者は世界各地に散らばっている可能性があるものの、論文の言語は、ごくわずかな例外を除き、英語に限定されている。

（2）Ashton, P. T. (2015). Historical overview and theoretical perspectives of research on teachers' beliefs. In H. Fives & M. G. Gill (Eds.), *International handbook of research on teachers' beliefs* (pp. 31-47). Routledge.

　　筆者は2020年11月2日に、アシュトンが「心理学の歴史（History of Psychology）」という科目を2017年春学期に担当していたことを、フロリダ大学のウェブサイト掲載のシラバスで確認したが、本稿脱稿時点（2022年5月31日）で、そのシラバスは閲覧不能となっている。なお、アシュトンを含めた本章で取り上げる論文の著者の所属先は、刊行当時のものである。

（3）Fives, H., & Buehl, M. M. (2012). Spring cleaning for the "messy" construct of teachers' beliefs: What are they? Which have been examined? What can they tell us? In K. R. Harris, S. Graham & T. Urdan (Eds.), *APA educational psychology handbook: Individual differences and cultural and contextual factors* (Vol. 2). American Psychological Association, 471.

　　1953年刊行の論文は次の通り。Oliver, W. A. (1953). Teachers' educational beliefs versus their classroom practices. *Journal of Educational Research, 47*(1), 47-55.

（4）Ashton, op. cit., 31.

（5）『教授研究ハンドブック』の初版から第4版までは次の通り。Gage, N. L. (Ed.). (1963). *Handbook of research on teaching: A project of the American Educational Research Association, a Department of the National Education Association*. Rand

McNally; Travers, R. M. W. (Ed.). (1973). *Second handbook of research on teaching: A project of American Educational Research Association.* Rand McNally; Wittrock, M. C. (Ed.). (1986). *Handbook of research on teaching: A project of the American Educational Research Association* (3rd Ed.). Macmillan; Richardson, V. (Ed.). (2001). *Handbook of research on teaching* (4th Ed.). American Educational Research Association.

（6）『教育心理学ハンドブック』の初版および第2版と、『APA 教育心理学ハンドブック』第2巻は次の通り。Berliner, D. C., & Calfee, R. C. (Eds.). (1996). *Handbook of educational psychology: A project of Division 15, the Division of Educational Psychology of the American Psychological Association.* Macmillan; Alexander, P. A., & Winne, P. H. (Eds.). (2006). *Handbook of educational psychology* (2nd Ed.). Erlbaum; Harris, K. R., Graham, S., & Urdan, T. (Eds.). (2012). *APA educational psychology handbook: Individual differences and cultural and contextual factors* (Vol. 2). American Psychological Association.

（7）4編の論文は、刊行年順に次の通り。Floden, R. E. (1985). The role of rhetoric in changing teachers' beliefs. *Teaching and Teacher Education, 1*(1), 19-32. https://doi.org/10.1016/0742-051X(85)90027-7; Nespor, J. (1987). The role of beliefs in the practice of teaching. *Journal of Curriculum Studies, 19*(4), 317-328. https://doi.org/10.1080/0022027870190403; Kagan, D. M. (1992). Implications of research on teacher belief. *Educational Psychologist, 27*(1), 65-90. https://doi.org/10.1207/s15326985ep2701_6; Pajares, M. F. (1992). Teachers' beliefs and educational research: Cleaning up a messy construct. *Review of Educational Research, 62*(3), 307-332. https://doi.org/10.3102%2F00346543062003307.

（8）たとえば次の通り。藤木和巳「実践的な教師教育研究の動向と教師の信念体系」『教育実践学研究』第2巻第1号、2000年、pp. 59-68。黒羽正見「学校教育における『教師の信念』研究の意義に関する事例研究－ある小学校教師の教育行為に焦点をあてて－」『富山大学教育学部研究論集』第8号、2005年、pp. 15-21、https://doi.org/10.15099/00001015。

（9）『教師教育研究ハンドブック』の初版および第2版は次の通り。Houston, R. W., Haberman, M., & Sikula, J. (Eds.). (1990). *Handbook of research on teacher education. A project of the Association of Teacher Educators.* Macmillan; Sikula, J., Buttery, T. J., & Guyton, E. (Eds.). (1996). *Handbook of research on teacher education* (2nd Ed.). Macmillan.

（10）Gill, M. G., & Fives, H.（2015）. Introduction. In H. Fives & M. G. Gill（Eds.）, *International handbook of research on teachers' beliefs*. Routledge, 1.

（11）本段落の記述は次の文献による。Ashton, op. cit., 31-32.

　　構成概念は、心理学の事典において次のように説明されている。「理論において、観測できる現象を説明するために必要とされ、作られた概念で、（中略）テストの多くは、心理学の理論上設定された構成概念の行動的現われであると解釈されている」（繁桝算男「妥当性」藤永保監修『最新　心理学事典』平凡社、2013年、p. 502）。

（12）Getzels, J. W., & Jackson, P. W.（1963）. The teacher's personality and characteristics. In N. L. Gage（Ed.）, *Handbook of research on teaching: A project of the American Educational Research Association, a Department of the National Education Association*. Rand McNally, 506-582.

（13）MTAI の訳語は次の文献に基づく。西山啓「教師の兒童観・生徒観に関する研究－MTAI 日本版標準化の試み（1）－」『島根大学論集　教育科学』10号、1961年、pp. 82-92。

（14）Ashton, op. cit., 32-33.

（15）Richardson, V.（1996）. The role of attitudes and beliefs in learning to teach. In J. Sikula, T. J. Buttery & E. Guyton（Eds.）, *Handbook of research on teacher education*（2nd Ed.）. Macmillan, 107.

　　アシュトンはリチャードソンのこの論考を「教師の態度およびビリーフ研究の秀逸なレビュー」と評している（Ashton, op. cit., 41）。

（16）Richardson, op. cit., 102.

（17）Ashton, op. cit., 32.

（18）本段落の記述は次の文献による。Richardson, op. cit., 103.

（19）ロキーチの著書のなかでリチャードソンが参照した箇所は次の通り。Rokeach, M.（1968）. *Beliefs, attitudes, and values: A theory of organization and change*. Jossey-Bass, 112.

（20）フィッシュバインの論考のなかでリチャードソンが参照した箇所は次の通り。Fishbein, M.（1967）. A consideration of beliefs, and their role in attitude measurement. In M. Fishbein（Ed.）, *Readings in attitude theory and measurement*. Wiley, 259.

（21）Richardson, op. cit., 103.

（22）Ashton, op. cit., 34.

　　フローデンの論考のなかでアシュトンが参照した箇所は次の通り。Floden, op.

cit., 22-24, 26-28.

(23) Ashton, op. cit., 35.

(24) 本段落の記述は次の文献による。Nespor, op. cit., 317.

(25) Ashton, op. cit., 36-37.

アシュトンが注目したエイベルソンの見方が記された原典は次の通り。Abelson, R. P. (1979). Differences between belief and knowledge systems. *Cognitive Science, 3*(4), 358. https://doi.org/10.1207/s15516709cog0304_4.

(26) 本段落の記述は次の文献による。Nespor, op. cit., 324.

(27) Ashton, op. cit., 38.

ケイガンの論考のなかでアシュトンが参照した箇所は次の通り。Kagan, op. cit., 74-75.

(28) Ashton, op. cit., 38.

(29) Ibid., 39.

(30) 本段落の記述は次の文献による。Pajares, op. cit., 309-310.

ネスパーの論考のなかでパハレスが参照した箇所は次の通り。Nespor, op. cit., 319.

(31) Ashton, op. cit., 39.

(32) Pajares, op. cit., 327-328.

(33) Ashton, op. cit., 40.

(34) Calderhead, J. (1996). Teachers: Beliefs and knowledge. In D. C. Berliner & R. C. Calfee (Eds.), *Handbook of educational psychology: A project of Division 15, the Division of Educational Psychology of the American Psychological Association.* Macmillan, 721.

(35) Ashton, op. cit., 40.

(36) Snow, R. E., Corno, L., & Jackson III, D. (1996). Individual differences in affective and conative functions. In D. C. Berliner & R. C. Calfee (Eds.), *Handbook of educational psychology: A project of Division 15, the Division of Educational Psychology of the American Psychological Association.* Macmillan, 243-310.

(37) Ashton, op. cit., 40.

(38) Ibid., 41.

(39) Ibid., 42.

(40) Woolfolk Hoy, A., Davis, H., & Pape, S. J. (2006). Teacher knowledge and beliefs. In P. A. Alexander & P. H. Winne (Eds.), *Handbook of educational*

psychology（2nd Ed.). Erlbaum, 730-731.

（41）Ashton, op. cit., 42.

（42）Murphy, P. K., & Mason, L.（2006). Changing knowledge and beliefs. In P. A. Alexander & P. H. Winne（Eds.), *Handbook of educational psychology*（2nd Ed.). Erlbaum, 320.

（43）Ashton, op. cit., 42.

（44）Fives & Buehl, op. cit., 471.

（45）Ashton, op. cit., 42-43.

（46）Fives & Buehl, op. cit., 482-484.

（47）本段落の記述は次の文献による。Ashton, op. cit., 44.

（48）生態学的研究は、たとえば疫学分野では「分析対象を個人でなく、地域または集団単位（国、県、市町村）とし、異なる地域や国の間での要因と疾病の関連を検討する方法」と定義されている（一般社団法人日本疫学会「横断的研究と生態学的研究」https://jeaweb.jp/glossary/glossary004.html 最終アクセス2022年5月24日）。

（49）Ashton, op. cit., 44.

（50）Fives & Buehl, op. cit., 489.

（51）Ashton, op. cit., 44-45.

（52）Ibid., 43.

第3章　スイスドイツ語圏における
歴史教師のビリーフ研究
－日本でのビリーフ調査の実施に向けて－

1．はじめに

　本章では、スイスドイツ語圏で歴史教師のビリーフ研究が近年盛んになされている理由を検討し、歴史教育学研究におけるビリーフ研究の意義を考察することで、日本において歴史教師のビリーフ調査を実施するための方途を解明する。

　本章は、日本において歴史教師のビリーフ調査を実施するための予備的考察となっている。日本では、1980年代以降のアメリカにおける教職の専門性確立に向けた改革の影響を受け、授業における教師の知識と思考に関する研究が盛んになされるようになる[1]。教師は生徒の学習状況をどのように把握し、どのように意思決定をなすのかといった授業における認知過程に関する研究[2]、授業において教師はどのような知識を有し、機能させているのかという知識の特性に関する研究[3]、教師は有する知識に基づいて実践的な知識をどのように形成していくのかという知識の形成に関する研究[4]などがなされている[5]。

　本章が対象とする教師のビリーフ研究は知識の特性に関する研究に分類され、教師のビリーフは授業のあり方を規定する要因に位置づけられる[6]。とりわけ、言語系教科ではビリーフ研究が現在に至るまで盛んに実施されている[7]。一方で、歴史授業を含めた社会系教科の授業を対象としたビリーフ研究はわずかに散見されるにとどまる。社会科教師や社会科教師をめざす

実習生の社会科教育観、社会科教師の授業力の形成過程を各教師へのインタビューを通して分析する研究（ライフヒストリー研究）といった質的研究はみられるが[8]、教師のビリーフ自体を調査する研究はほぼ皆無といえる[9]。

歴史教育学研究においてビリーフ研究がほとんどなされていない理由として以下の3点が考えられる。第1は、ビリーフが多義的で曖昧な概念とされるためである。ビリーフは各歴史教師で異なる主観的なもので一般化できないとされるため、各自で異なるビリーフを研究することに意義が見出せないからである。第2は、各自で異なるビリーフは具現化することが困難とされるためである。各自が個人内で心的に形成するビリーフの可視化を可能にするビリーフの構造規定がなされていないからである。第3は、ビリーフが構造規定されないために、ビリーフを解明するための研究方法がないことである。ビリーフを構造規定しない限り、ビリーフを質的・量的に解明するための研究方法を構築することは不可能である。社会系教科において教師のビリーフの構造規定がなされず、研究方法が構築されないために、ビリーフ研究はその意義が了解されず、現在までほとんど実施されていないのである。

一方、スイスドイツ語圏の歴史教授学研究ではビリーフ研究が盛んになされていることから、日本の歴史教育学研究におけるビリーフ研究がなされない理由が克服され、その研究意義が了解されていると推測される。この推測から、スイスドイツ語圏では日本で主観的で曖昧とされるビリーフをどのように構造規定し、どのような研究方法に基づくことで、日本の歴史教育学研究においてビリーフ研究がなされない理由がどのように克服されているのか、なぜスイスドイツ語圏ではビリーフ研究が盛んになされているのかという問いが設定される。そこで、第2節で、スイスドイツ語圏のビリーフ研究の代表的な事例を取り上げ、その事例におけるビリーフの構造規定と研究方法を検討し、第3節で、スイスドイツ語圏におけるビリーフ研究の意義を明確にし、日本で歴史教師のビリーフ調査を実施するための方途を考察する。

2．スイスドイツ語圏の歴史教授学研究におけるビリーフ研究

　本節では、スイスドイツ語圏の歴史教授学研究におけるビリーフ研究とし
て、ヴァルディス（Monika Waldis）やニーチェ（Martin Nitsche）らノルトヴ
ェストシュヴァイツ専門大学の研究グループ（以下、FHNW グループと略す）
のビリーフ研究を取り上げ、その研究におけるビリーフの構造規定と研究方
法を検討する。FHNW グループのビリーフ研究を取り上げるのは、本グル
ープは歴史教師のビリーフ研究を継続的に実施し、その成果を多くの著書や
論文で公開しており、本グループのビリーフ研究はスイス歴史教授学研究に
おけるビリーフ研究の代表事例であるとともに、現時点での到達点を示して
いると考えられるからである。その研究の検討から、スイスドイツ語圏では
ビリーフをどのように構造規定し、どのような研究方法に基づくことで、日
本の歴史教育学研究においてビリーフ研究がなされない理由がどのように克
服されているのかという問いに応える。
　FHNW グループは、歴史教師のビリーフ研究を実施するに向けて、以下
の研究の問いを設定する[10]。
　　１．歴史理論的ビリーフと歴史教授学的ビリーフを確実に測定する装置を
　　　　どうすれば理論に基づいて効果的に開発できるのか。
　　２．ドイツ語圏の初任教師は歴史理論的ビリーフと歴史教授学的ビリーフ
　　　　をどのように形成するのか。
　　３．歴史理論的ビリーフと歴史教授学的ビリーフはどのような相関関係に
　　　　あるのか。
　　４．ビリーフと個人的属性（性別、年齢など）や教員養成の特性（修了、セ
　　　　メスター数など）の間にはどのような関連が確認できるのか。
　１は歴史教師のビリーフの構造規定に関わる理論的考察、２〜４は研究方
法に関わる実証的考察についての問いとなっている。そこで、FHNW グル

ープのビリーフ研究を理論的研究と実証的研究に区分し、それぞれ検討する。

⑴　FHNW グループによるビリーフの理論的研究の分析

　1 の問いから、FHNW グループが理論的根拠に基づいて歴史教師のビリーフの構造規定を図っていることが読み取れる。本グループは歴史教師のビリーフを、歴史理論的ビリーフと歴史教授学的ビリーフに分類する。

　歴史理論的ビリーフという発想は、1980〜90 年代の教育心理学研究に端を発する。当時、アメリカやイギリスにおいて、認識論的認知、認識論的思考の発達段階モデルを開発する研究が盛んになされていた。例えば、キング（Patricia M. King）とキッチナー（Karen Strohm Kitchener）は、ある問題に対して判断を下す際の正当化の方法や知識の捉え方に基づいて、前省察的論拠（Prereflective Reasoning）、準省察的論拠（Quasi-Reflective Reasoning）、省察的論拠（Reflective Reasoning）のどれかに位置づく 7 つの段階からなる省察的判断モデル（Reflective Judgement Model）を提示した[11]（第 4 章 3⑴を参照）。クーン（Deanna Kuhn）とワインストック（Michael Weinstock）は、どのような知識に基づいて現実をどのように把握し、どのような主張をし、その際どのような思考がなされているのかに着目して、現実主義者（Realist）→絶対主義者（Absolutist）→多元主義者（Multiplist）→評価主義者（Evaluativist）という 4 つのレベルからなる認識論的思考の発達段階モデルを構想した[12]（第 4 章 3⑵を参照）。

　これら教育心理学における認識論的思考の発達段階モデルを歴史学習に援用したのが、リー（Peter Lee）とシェミルト（Denis Shemilt）である。彼らは、史資料の信頼性を裏づけるエビデンスに着目して、過去の模写→情報→証言→過去の切り貼り→単独のエビデンス→コンテクストと結びついたエビデンスという歴史解釈における発達モデルを構想した[13]。さらに、これら一連の発達段階モデルを歴史教師のビリーフ研究に体系的に援用したのが、マッジョーニ（Liliana Maggioni）とアレクサンダー（Patricia Alexander）とヴァン

スレッドライト（Bruce VanSledright）の共同研究である[14]。彼らはその研究において、キングとキッチナー、クーンとワインストック、リーとシェミルトのモデルを相互に関連づけるとともに、これらのモデルにおける認識論的思考の発達段階を歴史教師の認識論的立場に援用することで、歴史教師の認識論的立場を、模倣者（Copier）、借用者（Borrower）、基準者（Criterialist）の3つの下位カテゴリーに分類した[15]。模倣者は、歴史を単に過去をそのまま反映するものと信じ、過去と歴史はお互いの模写であるという認識論的立場を採る。キングらの前省察的論拠、クーンらの現実主義者・絶対主義者、リーとシェミルトの過去の模写・情報という発達のレベルがこの立場に相当する。借用者は、歴史は根本的に主観的であり、過去は解釈する人により作られると考える認識論的立場である。キングらの準省察的論拠、クーンらの多元主義者、リーらの証言・過去の切り貼りという発達のレベルがこの立場に該当する。基準者は、過去からのエビデンスに基づいた歴史的論拠を示すための基準を活用する認識論的立場を意味する。キングらの省察的論拠、クーンらの評価主義者、リーらの単独のエビデンスやコンテクストと結びついたエビデンスという発達のレベルがこの立場に対応する。

　そして、FHNW グループはキングらの教育心理学研究、マッジョーニらアメリカの歴史教師の認識論的ビリーフに関する研究成果を関連づけるとともに、それを歴史理論的ビリーフと呼び、その理論的精緻化を図った[16]。それが、表3-1 である。

　本グループは、関連領域と立場において、マッジョーニらの研究成果でなされた教育心理学における認知的発達と歴史教師の認識論的立場の融合を踏まえた上で、実証主義・懐疑主義・語り的構成主義といった歴史学における歴史理論の立場とも理論的に関連づける。模倣者と実証主義の立場は一致し、これらの立場は過去と歴史を同一視し、歴史は史資料で直接認知でき、解明されるという信念を持つ。歴史における変動を因果的に根拠づけることで、過去の模写として歴史は客観的に描写することができ、過去がどのようなも

表3-1　歴史理論的ビリーフの構想と学習心理学的研究との理論的適合性

関連領域と立場	教育心理学		
	模倣者	借用者	基準者
	歴史理論		
	実証主義	懐疑主義	語り的構成主義
次元			
歴史概念	過去は歴史である	歴史は現在である	過去は歴史ではない
由来	資料は過去に到達させる	テキストの外に表現はない	資料は歴史的語りの基盤である
正当化	因果的説明（原因・影響）	個人的に根拠づけられたテキスト解釈＝歴史は見解の問題である	理解と説明を通した関連の再構築
構造	模写としての描写	個人的な語りとしての描写	歴史的語りとしての描写
確からしさ	客観的な表現	不確か	間主観的に検証される視点
応用	どのようであるのかを明らかにする	個人的な見解の形成	時間における方向性

(Nitsche, Martin: Geschichtstheoretische und –didaktische Überzeugungen von Lehrpersonen, S. 174を筆者訳出)

のであるのかを明らかにすることができると考える。借用者と懐疑主義の立場は、歴史は過去そのものではなく、書き手によって構造化されるという信念を有する。歴史は過去ではなく書き手が書いたその時点での成立時期の歴史描写であり、実際の過去との関係は不安定で、各自の見解で根拠づけられる歴史は個人的な語りの域に位置づく。そうした語りが過去と一致するのかは検証できず、歴史は個人的な意味形成に過ぎないと考える。基準者と語り的構成主義の立場は、過去と語りとしての歴史を区別し、歴史は現在の歴史学の多様な研究方法を活用して史資料から解明することができるという信念を持つ。過去の再構築として根拠づけられる歴史は問題設定に即した現在の

視点からの歴史的語りとして説明的、理解的に描写でき、現在の研究状況や
ディスコース、語りの論理等を使って間主観的に検証でき、現在や未来へと
方向づけることに意義を見出す。

　FHNW グループは、歴史教師が有すると想定される歴史に関する（＝歴
史理論的）ビリーフを教育心理学の認識論的立場や歴史学の歴史理論的立場
に依拠して３つに区分し、各ビリーフに基づく歴史概念、由来、正当化、構
造、確からしさ、応用を示すことで、その内実までも明らかにする。

　さらに、本グループは、歴史教師は歴史に関するビリーフを有するだけで
はなく、歴史をどのように教授し、学習させるのかという教授と学習に関す
るビリーフも有すると想定する。そして、COACTIV 研究やシュタウプ
(Fritz C. Staub) とシュテルン (Elsbeth Stern) の研究、さらには、レイヴ
(Jean Lave) とヴェンガー (Etienne Wenger) の状況に埋め込まれた学習理論
に依拠したシュリヒター (Natalia Schlichter) の「学習の社会的次元への焦点
化」、ジィーベルト (Horst Siebert) による知識の個人的構築と協同での構築
のバランスを重視する社会的構成主義に関する研究といった一般教授学研究
や教科教授学研究の成果に基づいて、歴史の教授と学習に関して、伝達的・
個人的構成主義・社会的構成主義という歴史教師の３つの立場を設定する。
彼らは、歴史の教授と学習に関するビリーフを歴史教授学的ビリーフと呼び、
それと授業との関連を明示するのが表3-2である[17]。

　彼らは、関連領域と立場において、一般教授学と歴史教授学の研究成果を
踏まえ、伝達的・個人的構成主義・社会的構成主義という３つの歴史教授学
的ビリーフの立場を示す。伝達的な立場は、教師中心の授業で、教師が歴史
を具体的に説明し、それを生徒が反復訓練して覚え、歴史を習得することが
重要であるという信念である。その歴史授業は、学級単位での一斉授業で効
率的な認識の伝達を図るため、構造化された学習内容が理解できているかを
確認する学習課題を通して、正しいとされる客観的な歴史を習得させるもの
となる。この歴史授業は、歴史理論的ビリーフの実証主義の立場と対応する。

表3-2　歴史教授学的ビリーフと授業形成の構想

関連領域と立場	教授学と歴史教授学		
	伝達的	個人的構成主義	社会的構成主義
次元			
教授構想	具体的な描写と説明	生徒の自己組織的な学習	討議して決断するための挑戦
学習構想	反復と訓練による歴史の受容	過去の自主的な取り組み	共同や個人での歴史的意味形成
目標	熟慮を通した歴史の習得	個人的で解放的な思考と発生的学習	歴史的思考、コンピテンシー、歴史文化への参加
歴史授業の想定される特徴			
一般的過程－構造	問答形式の対話と受容的習得を伴う統制された、教師中心の学級での授業	発表や高いレベルでの自己組織を伴う生徒中心の授業	クラス全体や個人の活動形式よりも協同的な授業
課題	構造化された、内容を問いただす課題	開かれた課題	構造化をめざし、開かれた課題
領域特有の原理	客観的な歴史を身につける歴史授業	課題に基づいた過去についての個人的な考え方や意見の構築	歴史的問いや問題設定を手がかりに仕上げる歴史授業やプロジェクトの形式での歴史授業
歴史理論的立場	実証主義	懐疑主義	語り的構成主義

（Nitsche, Martin: Geschichtstheoretische und –didaktische Überzeugungen von Lehrpersonen, S. 177を筆者訳出）

　個人的構成主義の立場は、生徒各自が過去に取り組み、歴史描写を再構築・脱構築する学習がめざされるため、生徒の自己組織的な学習の促進を重視する信念である。その歴史授業は、開かれた学習課題のもとでの各自の活動や発表といった生徒自身の自己組織からなる授業であり、個人的な歴史描写を構築、再構築するものとなる。この歴史授業は、歴史理論的ビリーフの懐疑主義の立場と対応する。

　社会的構成主義の立場は、生徒が個人および協同で歴史を再構築・脱構築

して意味形成することで歴史的思考やコンピテンシーの育成や歴史文化への
参加が図られるため、生徒が討議して歴史描写を協同で構築していくことを
重視する信念である。その歴史授業は、開かれた学習課題や問題設定に基づ
いたペア活動・グループ活動といった協同学習やプロジェクト学習の形態が
選択されるような授業であり、学習グループで歴史的意味形成に到達するも
のとなる。この歴史授業は、歴史理論的ビリーフの語り的構成主義の立場と
対応する。

　FHNW グループは、歴史教師が有する歴史の教授と学習に関するビリー
フ（＝歴史教授学的ビリーフ）を、教授学と歴史教授学に依拠して3つに区分
し、各ビリーフにおける教授・学習構想、目標、授業過程、授業の中心的学
習課題、授業原理を明記することで、その内実を明らかにする。さらには、
歴史教授学的ビリーフと並ぶ歴史理論的ビリーフとの相関性も示すことで、
歴史教師のビリーフの全体像の明示化も図っている。

　FHNW グループの研究は、ドイツ語圏のみならず、欧米圏の認識論的ビ
リーフに関する一般教授学、教育心理学、教科教授学、歴史教授学研究を踏
まえて国際的研究と接続し、さらに精緻化することで歴史教師の持つビリー
フを可視化している。この理論的研究から、本グループの研究では、歴史教
師のビリーフは、歴史理論的ビリーフと歴史教授学的ビリーフで構造規定さ
れていることが明らかとなった。

⑵　FHNW グループによるビリーフの実証的研究の分析

　次に、本グループによるビリーフの研究方法と関わる実証的研究を検討す
る[18]。ここで取り上げる実証的研究は、彼らが設定した2～4の問いを出
発点とする。問い2～4はスイスドイツ語圏における初任教師が有する歴史
理論的ビリーフと歴史教授学的ビリーフの把握、両ビリーフに対して年齢・
性別などの個人的属性や親の社会的経済的文化的背景などが両ビリーフに及
ぼす影響、両ビリーフ間の相関性を考察する量的な実証的研究である。本項

では、これらの問いに従って、FHNW グループの実証的研究を検討する。

　この実証的研究は、2014年にスイスドイツ語圏の 4 つの教育大学とドイツの大学の実習生（スイスドイツ語圏が $n = 194$、ドイツが $n = 88$、以下では初任教師と記載する[19]）に対して実施されたパイロット調査である[20]。スイスドイツ語圏の調査対象者の平均年齢は26.38歳、ドイツの調査対象者は25.73歳である。

　まず、初任教師の歴史理論的ビリーフと歴史教授学的ビリーフを把握する実証的研究が実施される。歴史理論的ビリーフに関しては、歴史概念、由来、正当化、構造、確からしさ、応用といったビリーフの次元に関する項目について 4 段階のリッカート尺度で答えるアンケート調査が実施される。例えば、由来の次元では、ａ）歴史的表現は資料から直接解明される、ｂ）歴史的表現は各自が望むように資料から読み取られる、ｃ）歴史的表現は、実際の研究状況での体系的な資料の調査と探究の成果であるといった項目が提示される。ａ）は実証主義、ｂ）は懐疑主義、ｃ）は語り的構成主義の立場に相当する。歴史教授学的ビリーフに関しては、「……時に、生徒は最もよく歴史を学習する」という導入を提示した上で、立場、教授・学習構想、目標といった次元に関する項目について同じくリッカート尺度で答えるアンケート調査が実施される。立場を例に挙げると、ａ）生徒はテーマを通して徐々に導かれる時、ｂ）生徒はある問いに対して、自主的に資料や描写を有効に活用する時、ｃ）生徒は協同で歴史的問いを開発し、それに応える時といった項目が示される。ａ）は伝達的、ｂ）は個人的構成主義、ｃ）は社会的構成主義の立場に相当する。初任教師は、これらの項目に対して重要視する程度や、採用する頻度をリッカート尺度に従って答える。

　これらのアンケート調査の量的分析から、初任教師の有するビリーフの一般的傾向性を検討する。ｔ検定での平均値の比較から、歴史理論的ビリーフに関しては、初任教師は実証主義的な立場よりも語り的構成主義の立場に明らかに同意を示す一方、懐疑主義的な立場は実証主義的な立場よりも同意さ

れない傾向を示すことが分かった。歴史教授学的ビリーフに関しては全ての立場に対し一定の同意を示す一方で、社会的構成主義の立場より個人的構成主義の立場により同意し、伝達的立場が一番同意されないことが判明した。

　次に、両ビリーフ間の相関性の考察である。相関分析により両ビリーフ間、さらには、両ビリーフの立場間の相関性を検討する。例えば、歴史理論的ビリーフの各立場は相関関係にないが、歴史教授学的ビリーフの場合には社会的構成主義と個人的構成主義間に相関がある。また、歴史理論的ビリーフと歴史教授学的ビリーフ間には実証主義の立場と伝達的立場との正の相関がみられる一方で、実証主義の立場と個人的構成主義の立場間には負の相関がみられる。そして、歴史理論的ビリーフの語り的構成主義の立場と歴史教授学的ビリーフの個人的構成主義や社会的構成主義の立場には相関関係があるといった相関性が把握される。

　次に、初任教師の個人的属性や社会的文脈が両ビリーフに及ぼす影響の考察である。回帰分析から、年齢・学歴・セメスター数・家庭環境・性別といった個人的属性や社会的文脈での影響要因と両ビリーフの各立場との相関性を検討する。例えば、親の社会的経済的文化的背景の影響が強いと実証主義の立場や懐疑主義の立場にあまり同意しなくなる。また、年齢が高くなると歴史理論的ビリーフの語り的構成主義の立場への同意が高くなり、歴史教授学的ビリーフの伝達的立場への同意が低くなるという。

　以上から、FHNWグループのビリーフ研究は、歴史教師のビリーフを歴史理論的ビリーフと歴史教授学的ビリーフに概念規定し、歴史教師が有する両ビリーフの一般的傾向と、各歴史教師の個人的属性や社会的文脈が両ビリーフに及ぼす影響といった個別的な傾向を明らかにするとともに、両ビリーフ間やビリーフ内の相関性を究明するという研究方法を採っていることが分かった。

　スイスドイツ語圏の歴史教授学研究におけるビリーフ研究はビリーフを明確に概念規定し、その枠組みに基づいて調査することで、歴史教師のビリー

フの一般的・個別的傾向、ビリーフ間やビリーフ内の相関性を明らかにするための研究方法を構築している[21]。スイスドイツ語圏の歴史教授学研究は、このビリーフの明確な構造規定と研究方法を構築することで、ビリーフが多義的で曖昧な概念で、各自で異なるビリーフを具現化することが困難である、ビリーフを具現化するための研究方法がないという日本の歴史教育学研究におけるビリーフ研究がなされない理由を克服していることを明らかにした。

3．歴史教育学におけるビリーフ研究の位置づけ

　第2節では、スイスドイツ語圏の歴史教授学研究におけるビリーフの構造規定と研究方法の検討から、日本の歴史教育学研究におけるビリーフ研究がなされない理由をどのように克服しているのかという問いを考察した。本節では、スイスドイツ語圏の歴史教授学研究ではなぜこれらビリーフ研究が盛んになされているのかという問いの考察からビリーフ研究が歴史教育学研究に果たす意義を明示し、ビリーフ調査を実施する方途を検討する。

⑴　スイスドイツ語圏の歴史教授学研究におけるビリーフ研究の意義の考察

　意義について考察する前に、まずは、第2節での検討から明らかとなったスイスドイツ語圏の歴史教授学研究において先端的に進んでいるビリーフ研究の現状を示す。それは以下の4点に整理できる。

　第1は、ビリーフを理論的根拠に基づいて構造規定することで、可視化を図っている点である。FHNWグループのビリーフ研究では、一般教授学研究、教科教授学研究、歴史学研究など多岐に亘る領域の研究成果に依拠することで、歴史理論的ビリーフと歴史教授学的ビリーフという2つのビリーフに構造規定し、歴史教師の歴史に対する捉え方、歴史の教授・学習に対する捉え方を具現化している。

　第2は、歴史教師の歴史理論的ビリーフと歴史教授学的ビリーフの傾向性

やビリーフの相関性を究明するという研究方法を採用している点である。
FHNW グループのビリーフ研究では、歴史教師が有する両ビリーフの一般
的傾向を明らかにするだけでなく、その傾向性から両ビリーフ間やビリーフ
内の相関性まで究明している。

　第 3 は、歴史授業に関わる次元や特徴と、ビリーフとの相関性の解明が意
図されている点である。FHNW グループの研究では、とりわけ歴史教授学
的ビリーフと授業構想との相関性が重視されていることは、表 3-2 において
歴史教授学的ビリーフの 3 つの立場ではそれぞれどのような特徴を持つ歴史
授業が構想されるかを事前に想定していることからも明らかである。

　第 4 は、歴史教師のビリーフが歴史教師の授業構想にとり重要な鍵概念と
されていることである。FHNW グループの研究では、単に歴史教師のビリ
ーフを解明するだけでなく、歴史授業との相関性が重要な検討対象となって
いる。これは、歴史教師のビリーフを解明することが研究目的なのではなく、
歴史教師の授業やその成功に果たす歴史教師のビリーフの役割を究明するこ
とが研究目的であることを意味している。

　本グループ研究の一環としてニーチェが実施した実証的研究では、「量的
に調査されたビリーフとの概念的関連を確立するために、参加した教師の歴
史授業はどのように質的に評価できるか」という問いのもとで、量的研究に
参加した歴史教師を調査し、歴史授業におけるテーマや学習課題の設定、生
徒の活動や指導の場面といった歴史授業の多様な側面と両ビリーフの相関性
を検討するという質的研究がなされている[22]。この質的研究からも、本グ
ループのビリーフ研究では歴史教師のビリーフを歴史授業の重要な鍵概念と
捉えていることが窺える。

　スイスドイツ語圏のビリーフ研究では、歴史教師の授業構想やその成功に
果たす歴史教師のビリーフの役割を究明することを研究目的とし、この研究
目的に即したビリーフの構造規定、ビリーフの傾向性や相関性を解明する研
究方法の構築は、そのまま授業研究に援用可能な枠組みを提供するものにな

っている。

　上記のビリーフ研究が実施可能なのは、スイスドイツ語圏の歴史教授学研究に理論的な影響を及ぼしているドイツにおいて、ビリーフが歴史教師のプロフェッショナル・コンピテンシーに位置づけられていることに起因すると考えられる。ドイツでは、教師のプロフェッショナル・コンピテンシーは優れた授業の重要な前提とされ、歴史教授学研究においても歴史的知識や歴史コンピテンシーを巡る議論は盛んになされている。教師のプロフェッショナル・コンピテンシーとして、多くの文献において引用されるのが、図3-1で示したバウメルト（Jürgen Baumert）とクンター（Mareike Kunter）のモデル図である。

　ドイツの一般教授学研究では、教師のプロフェッショナル・コンピテンシーは行為コンピテンシーと専門職の知で構成される。行為コンピテンシーは動機づけ、ビリーフ（価値的態度）、自己調整能力、そして専門職の知は5つの知識領域からなる。さらに、教育学の知識と教科の知識と教科教育学の知識は知識のファセットとして描き出されている。この教師のプロフェッショナル・コンピテンシーのモデルでは、各行為コンピテンシーと専門職の知が重なり合い、多層的にコンピテンシーが配置されるという各位相の構造が視覚化されている。本モデルはドイツのみならず、スイスドイツ語圏でも教師のプロフェッショナル・コンピテンシーを描き出すために共有される[23]。

　スイスドイツ語圏の歴史教授学研究では、教科特有の教師のプロフェッショナル・コンピテンシーに関する考察が不十分であることが指摘され、この図3-1のモデルを参考に、歴史教師のプロフェッショナル・コンピテンシーのモデルを構想しようとする動向がみられる[24]。その構想はまだ緒に就いたばかりであり、歴史教師がどのような専門職の知を有することで、どのような行為コンピテンシーを意のままにできるようになるのか、全体としてどのようなコンピテンシーを育成するのかまでは、現時点では明らかになっておらず、コンピテンシーの各構成要素間の相関性、行為（歴史）コンピテン

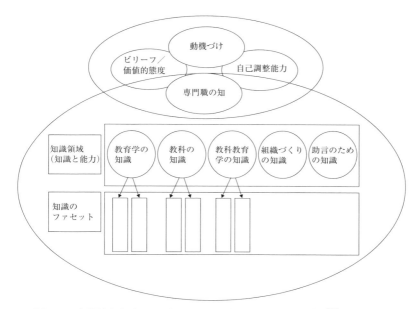

図 3-1　専門的な行為コンピテンシーと専門職の知のモデル[25]（筆者訳出）

シーと専門職の知との相関性が可視化されるには至っていない。これは、図
3-1 の教師のプロフェッショナル・コンピテンシーのモデル図でも同様で、
本モデル図でもプロフェッショナル・コンピテンシーの構成要素の各位相と
他の位相がどのように関連しているのか、全体としてどのように関連が構築
されるのかまでは読み取ることはできない。

　本来、教師のプロフェッショナル・コンピテンシーを明示するのは、その
成長を見取り、教育の質保証を図る教師の専門性のスタンダード化を図るた
めである。プロフェッショナル・コンピテンシーの構成要素を構造的に列挙
するのみでは、その育成を図る手立てを講じること、ましてやスタンダード
化することは到底不可能であり、ここに本モデルの限界が見出される。

　そのため、スイスドイツ語圏では、行為コンピテンシーの下位コンピテン

シーで、専門職の知とも重なり合う教師のビリーフに着目していると考えられる。スイスドイツ語圏やドイツでは、ビリーフは、「授業における目標や活動計画の選択、状況の認知や解釈、教授学的・コミュニケーション的行為や問題解決に影響を及ぼし、統制することによって、職業的な行為の質に対して意義深い役割」[26]を有すると説明され、教師のプロフェッショナル・コンピテンシーにおいて重要な役割を担うと考えられている。教師のビリーフは主観的に形成されるため、各教師により多様に相違する。そして、その相違により、授業への動機、自己調整、育成する教科の知識、授業の基盤となる教育学や教科教育学の知識も異なるため、他のコンピテンシーに多大な影響を及ぼすのである。そのため、FHNWグループの研究では歴史教師の授業やその成功にとり重要な鍵概念とされ、歴史教師のビリーフと歴史授業との相関性、歴史授業に影響を及ぼす要因との相関性の把握が主眼とされているのである。各コンピテンシーの構造、コンピテンシー間の相関性を明確にし、教師のプロフェッショナル・コンピテンシーを具体的なレベルで育成できるよう構造化するために、ビリーフは仲介的な役割を果たすことができるのである。これこそが、スイスドイツ語圏において教師のビリーフ研究が盛んに実施される理由であると考えられる。教師のプロフェッショナル・コンピテンシーを明示し、その育成を図るスタンダードの作成に重要な役割を果たすというのが、歴史教育学研究におけるビリーフ研究の意義であるといえよう。

⑵　ビリーフ研究を実施するための方途の検討

　前項では、スイスドイツ語圏の歴史教授学研究においてビリーフ研究が教師のプロフェッショナル・コンピテンシーのスタンダード化に果たす意義について論じた。本項では、スイスドイツ語圏のビリーフ研究の日本の歴史教育学研究への適用可能性に基づいて、ビリーフ研究を実施するための方途を検討する。スイスドイツ語圏のビリーフ研究から日本の歴史教育学研究にお

いてビリーフ研究を実施するための3点の示唆が明らかとなる。

　第1は、歴史教師のプロフェッショナル・コンピテンシーのモデルとその構成要素を提示することである。日本では教師に求められる資質・能力は、ⅰ）教職に対する責任感、探究力、教職生活全体を通じて自主的に学び続ける力、ⅱ）専門職としての高度な知識・技能、ⅲ）総合的な人間力と整理される[27]。この整理において、これら3つの資質・能力は並列的に配置、列挙されるにとどまっている。そのため、答申では、「これらは、それぞれ独立して存在するのではなく、省察する中で相互に関連し合いながら形成される」[28]とあるが、これらの資質・能力間には実際にどのような関連があるのか、どのようにして関連が形成されるのかを読み取ることはできない。さらに、責任感、自主的に学び続ける力、総合的な人間力といった資質・能力、とりわけⅰ）、ⅲ）については抽象的な上位の資質・能力であるため、ドイツにおける行為コンピテンシーと専門職の知のような教科レベルにまで落とし込むことができる資質・能力にさえなりえていない。そのため、ドイツの一般教授学研究における教師のプロフェッショナル・コンピテンシーのモデル図と比較しても、資質・能力の定義はスタンダード化に向けてさらに課題があることが了解される。教職全般に及ぶプロフェッショナル・コンピテンシーから各教科レベルにおける教師のプロフェッショナル・コンピテンシーにまで至る一貫したコンピテンシーの設定が課題である。

　第2は、歴史教師のビリーフの構造規定を明確にすることである。日本におけるビリーフ研究では、ビリーフは学習に関するビリーフ、教師の役割に関するビリーフといった項目に細分化され[29]、全体としてどのような構造からなるのかという構造規定がなされることはなかった。項目ごとのビリーフの調査では、項目別でのビリーフの実態把握にとどまり、その実態の把握自体がビリーフ研究の目的となってしまう。ビリーフの構成要素を構造化することで、はじめてビリーフを総体として捉えることが可能となり、ビリーフ研究は歴史教師のプロフェッショナル・コンピテンシーの明示とそのスタ

ンダード化のための研究手段となりえるのである。すなわち、歴史教師のプロフェッショナル・コンピテンシーをスタンダード化するための研究手段とすることが肝要である。

　第3は、歴史教師のビリーフの研究方法を確立することである。日本のビリーフ研究は項目ごとにビリーフの実態を把握することが研究目的であるため、教師のビリーフの各項目をどのように設定するのか、ビリーフの実態をどのように描くのかは各研究の裁量であり、そこに共通理解は存在しない。勿論、研究方法を一本化することがめざされるべきではないが、単に教師のビリーフを各研究者の視点で設定した項目で実態把握することのみが目的であるならば、ビリーフ研究の意義が見出せないであろう。ビリーフ研究を手段として何を明らかにするのかという上位の研究目的があってこそ、ビリーフ研究の意義が高まるのである。日本のビリーフ研究においても、研究目的を再考することで、教師教育に援用可能なプロフェッショナル・コンピテンシーの確定とそのスタンダード化を図るとともに、研究方法を確立することが必要となろう。

　以上、3点の示唆から、ビリーフ調査を実施するための方途が明らかとなる。歴史教師のプロフェッショナル・コンピテンシーの確定とそのスタンダード化を研究目的として、プロフェッショナル・コンピテンシーで重要な位置を担う歴史教師のビリーフを構造規定し、その構造がプロフェッショナル・コンピテンシーの各領域に及ぼす影響を解明することで、プロフェッショナル・コンピテンシーの内実を究明し、そのスタンダード化を図るためのビリーフの研究方法を確立することである。

4．おわりに

　本章では、歴史教師のプロフェッショナル・コンピテンシーの確定とそのスタンダード化を図るビリーフの研究方法の確立という日本において歴史教

師のビリーフ調査を実施するための方策を解明した。この方策の提示は、この研究方法の構築を研究目的とするビリーフ研究を実施すべきであるというビリーフ研究の新しい展望の開拓を意味している。

　近年、日本の一般・教科教育学研究において、教師教育プログラムやカリキュラムの開発等、教師教育の改革に向けた研究が盛んである。教師教育のプログラムやカリキュラムの開発を図る上で、教師のプロフェッショナル・コンピテンシーの確定は不可避であり、その各構成要素の相関性が明示されることで、はじめてその育成を図る手立てが明らかになるのである。しかし、日本においては教師のプロフェッショナル・コンピテンシーが明確に規定されないままで、教師の資質・能力の向上がめざされているのが現状である。この現状を打開し、教師教育改革を実質的に進めるために、プロフェッショナル・コンピテンシーの内実とその構造を解明する教師のビリーフ研究は今まさに求められる不可欠な研究なのである。

【註】
（１）秋田喜代美「教師の知識と思考に関する研究動向」『東京大学教育学部紀要』第32巻、1992年、pp. 221-232では、1980年代から1990年代初頭における教師研究に関する研究動向が詳細に紹介されている。
（２）　例えば、吉崎静夫「授業実施過程における教師の意思決定」日本教育工学会編『日本教育工学雑誌』第８巻第２号、1983年、pp. 61-70、佐藤学・岩川直樹・秋田喜代美「教師の実践的思考様式に関する研究（１）―熟練教師と初任教師のモニタリングの比較を中心に―」『東京大学教育学部紀要』第30巻、1990年、pp. 177-198など参照。
（３）　例えば、矢野博之「教師の教育内容知識に関する研究の動向―社会科を中心として―」『東京大学大学院教育学研究科紀要』第38巻、1998年、pp. 287-295、秋田喜代美・佐藤学・岩川直樹「教師の授業に関する実践的知識の成長―熟練教師と初任教師の比較検討」『発達心理学研究』第２巻第２号、1991年、pp. 88-98など参照。
（４）　吉田道雄・佐藤静一「教育実習生の児童に対する認知の変化―実習前,実習中,実習後の「子ども観」の変化―」日本教育工学会編『日本教育工学雑誌』第15巻第2

号、1991年、pp. 93-99、原岡一馬「教師の自己成長に関する研究」『名古屋大学教育学部紀要』第36巻、1989年、pp. 33-53など参照。

（5）授業における教師の知識と思考に関する研究についての3領域の区分は、前掲論文（1）に依拠している。

（6）同上論文、p. 227を参照。

（7）例えば、波多野五三「英語教師のビリーフに関する考察―成長指標としての構成主義的授業観」『英語英米文学研究』第18号、2010年、pp. 105-161、古川敦子「小学校の日本語指導担当教員が持つビリーフに関する研究」『一橋日本語教育研究』第2号、2013年、pp. 47-58など参照。言語系教科において盛んな理由の1つとして、Horwitz の調査票 BALLI（Beliefs About Language Learning Inventory）が活用されていることが考えられる。

（8）後藤賢次郎「学部生の社会科教育観の変容に関する一考察―社会科教員養成科目（教科の指導法（社会））における TA 実施記録をもとに―」『広島大学大学院教育学研究科紀要　第二部』第61号、2012年、pp. 57-66、村井大介「地理歴史科教師の歴史教育観の特徴とその形成要因―教師のライフストーリーの聴き取りを通して―」全国社会科教育学会編『社会科研究』第81号、2014年、pp. 27-38、中島常彦「小学校社会科「エキスパート教員」の授業力形成過程とその要因―子どもを主体とした授業実践を求め続けた教師を例として―」『広島大学大学院教育学研究科紀要　第二部』第64号、2015年、pp. 43-52など参照。

（9）南浦涼介他「子どもたちの社会科授業に対する学習ビリーフ―診断テストの開発と試行実施から―」『山口大学教育学部研究論叢　第3部　芸術・体育・教育・心理』第61巻、2012年、pp. 363-375では、児童生徒の学習ビリーフの解明を目的とするが、教師のビリーフ調査も実施しており、社会科の学習に関するビリーフと教師の役割に関するビリーフを社会科学習ビリーフの尺度として設定しているのが数少ない事例といえる。

（10）Nitsche, Martin/ Waldis, Monika: Geschichtstheoretische und -didaktische Beliefs von angehenden Geschichtslehrpersonen in Deutschland und in der Deutschschweiz. Erste Ergebnisse quantitativer Erhebungen. In: Waldis, Monika/ Ziegler, Béatrice (Hrsg.): Forschungswerkstatt Geschichtsdidaktik 15. Beiträge zur Tagung »geschichtsdidaktik empirisch 15«. hep verlag 2017, S. 139.

　　ニーチェは別稿において、1．量的にも質的にも確認される研究成果を国際的な教授学的・歴史教授学的ディスコースと接続させるために、ビリーフはどのように理論的に把握されるか、2．スイスドイツ語圏における初任教師と熟達教師を量的

に調査すると、彼らはどのような認識論的ビリーフや教授・学習に関するビリーフ
を述べるか、3．コンテクストに一部関連すると考えられる更なる影響要因（例え
ば、両親の社会的経済的背景、セメスター数など）は教師の回答行為にどの程度影
響を及ぼすか、4．認識論的ビリーフと教授・学習論的ビリーフはどのように関連
するか、5．先に量的に調査されたビリーフとの概念的関連を確立するために、参
加した熟達教師の歴史授業はどのように質的に評価できるかという研究上の問いを
設定している。FHNW グループは問いを精緻化しながら、歴史教師のビリーフ調
査を繰り返し実施している。

Vgl. Nitsche, Martin: Geschichtstheoretische und -didaktische Beliefs angehender
und erfahrener Lehrpersonen. Einblicke in den Forschungsstand, die Entwicklung
der Erhebungsinstrumente und erste Ergebnisse. In: Danker, Uwe (Hrsg.):
Geschichtsunterricht – Geschichtsschulbücher – Geschichtskultur. Aktuelle
geschichtsdidaktische Forschungen des wissenschaftlichen Nachwuchses (Beihefte
zur Zeitschrift für Geschichtsdidaktik 15). V & R unipress 2017, S. 93-94.

(11) King, P. M., & Kitchener, K. S. (2002). The Reflective Judgment Model: Twenty
Years of Research on Epistemic Cognition. In B. K. Hofer & P. R. Pintrich (Ed.),
*Personal Epistemology: The Psychology of Beliefs About Knowledge and
Knowing*. Lawrence Erlbaum Associates, 38-42.

(12) Kuhn, D., & Weinstock, M. (2002). What Is Epistemological Thinking and Why
Does It Matter? In B. K. Hofer & P. R. Pintrich (Ed.), *Personal Epistemology:
The Psychology of Beliefs About Knowledge and Knowing*. Lawrence Erlbaum
Associates, 122-125.

(13) Lee, P., & Shemilt, D. (2003). A Scaffold, not a Cage: Progression and
Progression Models in History. *Teaching History, 113*, 19-22.

(14) Maggioni, L., Alexander, P., & VanSledright, B. (2004). At a crossroads? The
Development of Epistemological Beliefs and Historical Thinking. *European
Journal of School Psychology, 2*(1-2), 169-197.

(15) "Studying Epistemic Cognition in the History Classroom: Cases of Teaching
and Learning to Think Historically" というタイトルでマッジョーニが2010年に提
出した博士論文が彼らの共同研究の集大成の成果となっている。(https://drum.lib.
umd.edu/bitstream/handle/1903/10797/Maggioni_umd_0117E_11443.pdf? 最終 ア
クセス2022年10月10日)

(16) Nitsche, Martin: Geschichtstheoretische und -didaktische Überzeugungen von

Lehrpersonen. Begriffliche und empirische Annäherungen an ein Fallbeispiel. In: Buchsteiner, Martin/ Nitsche, Martin（Hrsg.）: Historisches Erzählen und Lernen. Historische, theoretische, empirische und pragmatische Erkundungen. Springer 2016, S. 168-174.

（17）Buchsteiner, Martin u. a. 2016, S. 175-177.

（18）Waldis, Monika u. a. 2017, S. 140-148に依拠して実証的研究を検討している。

（19）大学の実習生であるが、FHNW グループは angehende Geschichtslehrpersonen（初任教師）と明記している。また、平均年齢も日本の初任教師にほぼ相当することから、本章でも初任教師と記載する。

（20）本章ではパイロット調査ではなく、本調査を検討対象とすべきと考えていたが、FHNW グループは2013年から2015年にかけて量的調査と質的調査を繰り返し実施し、多くの論考を発表しているが、各回の調査対象者や人数が明確に示されていない論考も多くみられる。管見の限りでは、本パイロット調査のみが対象者や人数が明確にされているため、検討対象として最も適切であると判断し、本章で取り上げている。

（21）FHNW グループのビリーフ研究でも先行研究として取り上げられるメスナーとブッフのビリーフ研究では、歴史教師のビリーフを歴史教授学的ビリーフとして構造規定し、歴史教師が有する教授学的ビリーフの各領域間や領域内の相関性や歴史教師の傾向性や集団的特性を歴史教師へのアンケート調査から量的に解明するという研究方法論を採用している。この研究に照らしても、スイスドイツ語圏の歴史教授学研究におけるビリーフ研究は、ビリーフの構造規定に基づいて研究方法論を構築していると判断して差し支えないと考える。Vgl. Messner, Helmut/ Buff, Alex: Lehrerwissen und Lehrerhandeln im Geschichtsunterricht－didaktische Überzeugungen und Unterrichtsgestaltung. In: Gautschi, Peter/ Moser, Daniel V. / Reusser, Kurt/ Wiher, Pit（Hrsg.）: Geschichtsunterricht heute. Eine empirische Analyse ausgewählter Aspekte. hep verlag 2007, S. 143-173.

（22）Vgl. Danker, Uwe 2017, S. 99-101.

（23）実際、教師のプロフェッショナル・コンピテンシーの観点からビリーフ研究を実施する FHNW グループの研究では、本モデルに依拠した教師のプロフェッショナル・コンピテンシーに関する論述が多くみられる。Vgl. Danker, Uwe 2017, S. 87、Buchsteiner, Martin u. a. 2016, S. 160等を参照。

（24）Vgl. Waldis, Monika/ Nitsche, Martin/ Marti, Philipp/ Hodel, Jan/ Wyss, Corinne: "Der Unterricht wird fachlich korrekt geleitet"-theoretische Grundlagen,

Entwicklung der Instrumente und empirische Erkundungen zur videobasierten Unterrichtsreflexion angehender Geschichtslehrpersonen. Zeitschrift für Geschichtsdidaktik 13, 2014, S. 33-34.

(25) Baumert, Jürgen/ Kunter, Mareike: Stichwort: Professionelle Kompetenz von Lehrkräften. Zeitschrift für Erziehungswissenschaft, 9(4), 2006, S. 482.

(26) Reusser, Kurt/ Pauli, Christine: Berufsbezogene Überzeugungen von Lehrerinnen und Lehrern. In: Terhert, Ewald/ Bennewitz, Hedda/ Rothland, Martin (Hrsg.): Handbuch der Forschung zum Lehrerberuf. 2. überarbeitete und erweiterte Auflage, Waxmann 2014, S. 642.

(27) 2012年8月28日の中央教育審議会の答申「教職生活の全体を通じた教員の資質能力の総合的な向上方策について（答申）」より引用。

(28) 同上答申、p. 2。

(29) 前掲論文（9）を参照。さらに、言語系教科では、例えば、外国語学習の適性に関するビリーフ、外国語学習の特質に関するビリーフ、外国語学習への「動機と期待」に関するビリーフといった項目が挙げられている。稲葉みどり「小中学校教師の外国語学習のビリーフの特徴－教師間、及び、大学生との比較－」『愛知教育大学研究報告　人文・社会科学編』第64輯、2015年、pp. 19-27を参照。

第4章　英米圏の歴史教育学における
歴史教師のビリーフ研究

―L. マッジョーニの歴史教師を対象にしたアンケート調査から―

1．はじめに

　歴史教師は歴史の認知に関してどのような認識を持っているのだろうか。こうした教師のビリーフは教室の子どもたちにも大きな影響を及ぼす。子どもを過去とどう向かい合わせようとするのか、授業を通して如何なる歴史的思考力を培うべきなのか、自らの指導によってどのような資質や能力を育てたいのかといった授業の目標と教師のビリーフは深く関係しており、授業の内容・方法を大きく規定するからである。

　日本においてもこういった歴史教師のビリーフに関する研究を活性化し、教師の養成や研修などの場に生かさなければならない状況が生じている。2017・2018年の学習指導要領の改訂で、日本の歴史教育は子どもの主体性を重視する方向に大きく舵を切った。しかし、日本の歴史教師のビリーフはその腰を折るものとなってはいないだろうか。ここでは、ビリーフ研究の先達を米英に求め、歴史教師のビリーフを検討する手がかりを求めたい。

2．米英の歴史教師のビリーフ研究の系譜

　マッジョーニ（Liliana Maggioni）の整理によると、歴史教育の領域、特に歴史教師のビリーフに着目した研究は、欧米では1990年代以降になって次第に見られるようになった[(1)]。

　米国では、1991年にワインバーグ（Sam Wineburg）が行った歴史教師の歴史教科書の利用の仕方に関する研究[2]に基づいた、イェーガー（Elizabeth Anne Yeager）とデービス（O. L. Davis Jr.）による1996年の調査報告がある。この報告では、一般の歴史教師を対象に教師のビリーフと教科書利用の関係について調査が行われた。その結果、歴史を構築されたものと考えている教師は、史料（historical materials）[3]が書かれた背景、史料の読者層、使用されている言葉のニュアンスなどに着目し、史料の細部や文脈に注意を払い、異なる史料を比較対照し、史料の中の隠された偏見に敏感になるよう授業で指導していた。一方、歴史を心躍る物語と考えている教師は、生徒の心をつかむ史料を授業で使い、教科書は事実と情報を提供するだけで、連続メロドラマのような魅力には全く欠けたものとして否定した。その他、歴史的事実の正確さを重視する教師は、どの情報が正しくてどの情報が正しくないかを識別するために史料を利用した。この教師は、史料を分析することによって歴史的思考の育成を図ることは難度も高く時間もかかるという理由から現実的でないと判断していた[4]。

　また、ギラスピー（Melaney Kay Gillaspie）とデービスが1998年に報告した調査は、小学生に歴史を教える三名の教育実習生に、広島への原爆投下に関する一次史料・二次史料を読ませ、その出来事についての歴史的な物語を書かせることによって、実習生たちの歴史的思考を調査するものであった。結果は、二名が与えられた史料に言及せずに物語を書いたので、そこでは史料の信憑性や信頼性などの考察はなされず、残りの一名も、史料に言及してはいるが自分の結論に近い史料のみを参照しただけであった[5]。さらに同年、中学校で社会科を教える教育実習生たち三名に対して、ボーハン（Chara Haeussler Bohan）とデービスが同様の調査を行ったが、異なる視点を提供している史料を用いれば歴史的判断について授業で議論できると指摘した実習生は一名で、残りの二名は史料が持つ視点についての賛否は示したが史料が書かれた文脈などには目を向けていなかった[6]。これらの調査結果は、や

がて歴史教師となりゆく学生であっても歴史的史料を適切に扱う技能や、思考する技能が十分に培われていない実態を明らかにしている。これらの調査から、米国では、教師（になる者）の歴史認識論的スタンスにはレベルの差、ビリーフの違いが存在することが質的に明らかにされた。

　続いて2002年には、ヴァンスレッドライト（Bruce VanSledright）が小学校5年生の教室で自ら授業を行い、教師のビリーフが子どもたちにどのような影響を与えるのかについて検証した結果を報告している。彼は自らのビリーフに従い、歴史における証拠の入手・裏付け・信頼性の評価といった学問的手法と歴史の解釈的性格を中核とした授業を展開し、子どもたちと一緒に歴史的な説明の本質を問い直そうとした。具体的には、子どもたちを歴史的探究に参加させ、歴史学者が過去について探究する際に直面する問題をいくつか体験させた。また、異なる視点から歴史を捉えることで歴史の既成概念にとらわれることを払拭させようとした。そして、このような授業を通して、個人差はあれど、歴史的知識と学問的な認識における歴史家の役割に子どもたちは気付くようになったと結論づけている[7]。

　また、ベイン（Robert B. Bain）も自らのビリーフに基づいて、高校生を対象に、歴史は過去の事実を集積したものであるという考え方に挑戦する一連の学習活動を考案・実践し、その結果を2000・2005年に報告している。彼の実践では、例えば、高校生に初登校の日の出来事を各自に書かせ、皆の前で音読させ、その後の議論を通して、人によって選択した当日の出来事や出来事の選択の視点が大きく異なることを生徒に気づかせた。また、「出来事としての歴史（history-as-event）」と「説明としての歴史（history-as-account）」という言語をツールとして用いて、歴史に対する考え方を変えようと試みた。また、彼のカリキュラムは歴史的に意義があると考えられる問題を中心に編成されており、教室には一次史料や二次史料、教科書、講義、個人作業、グループワークのためのスペースを設けて実施された。彼は歴史的な問題の探究に生徒を参加させながら、探究をうまく進めていくための方法を生徒に指

70

導した。そして、このプロセスを通して、生徒が新しい証拠や説明が、これ
までの自分の過去についての理解とどのように一致し、あるいは対立するか
を評価し、証拠・重要性・妥当性・説明形式等の検討を生徒に行わせた。そ
の結果、生徒は解釈として歴史を捉えることができるようになり、歴史に対
して好奇心旺盛な態度を示す生徒があらわれた。ただし、一方で歴史をシニ
カルな相対主義ととらえる生徒もあらわれた[8]と報告している。

　ヴァンスレッドライトやベインのこのような試みは、教師のビリーフが子
どもの歴史認識に与える影響について質的に調査するものであり、その影響
力を実証する結果となった。ただ、彼ら自身がいずれも歴史学の学位を持ち、
熟達した歴史教師であることから、二人の実践を以て子どもへの影響を論じ
るには一般化しにくい点も指摘されている[9]。

　一方、英国でも、2003年にハズバンズ（Chris Husbands）、キットソン（Alison
Kitson）、ペンドリー（Anna Pendry）らが、高校の歴史科の主任レベルの教
師8人について調査結果を公表している。この調査からも、米国同様、教師
のビリーフが授業の目標や教材・活動の選択に大きな影響を与えていること
が明らかにされた[10]。

3．マッジョーニによるアンケート調査の試み

　これらの研究に対して、マッジョーニは歴史教師がどのような歴史の認知
に関する認識をもって授業に臨んでいるかについて、リッカート法を用いた
アンケートによってその現状と特徴を量的に分析しようと試みた。

(1)　分析の前提となる枠組み①：キングとキッチナーの省察的判断モデル
　マッジョーニは、まず、段階論的な枠組みで認識論的理解の概念化を図る
キング（Patricia M. King）とキッチナー（Karen Strohm Kichener）の「前省察
的思考（pre-reflective thinking）」「準省察的思考（quasi-reflective thinking）」

「省察的思考（reflective thinking）」といった三類型七段階の省察的判断モデル（reflective judgement model）に着目した（表4-1）[11]。

「前省察的思考」とは、知識は確かなものであると考え、それ故、あらゆる問いには唯一の正解が存在し、通常は権威者から絶対的な確信を持って知らされると考える。このような思考をする人は、結論を導く際に証拠を使用せず、代わりに根拠のない個人的意見に頼る傾向がある[12]。

「準省察的思考」とは、知識を得るプロセスの一部には不確実さが存在することを認識し、知識を抽象的なものと捉え、構築されるものであると認識する。前省察的思考から大きく進歩し、知識は単に他者から受け入れるだけでなく、自らの内にビリーフを構築するための基礎を築くものと考える。さらに前省察的思考の特徴である独断的断定に代わるものとして、証拠が認知プロセスにとって重要であることを理解するようになる。このような思考をする人は、論争的問題に対する異なるアプローチや視点は、異なるタイプの証拠や規則に起因しており、このことがそれぞれの問題に対するアプローチの枠組みを支えていることを認識している[13]。

「省察的思考」とは、自分の判断の裏付けとなる証拠と理由を適切に使用する。知識の主張はそれらが生成された文脈との関係で理解されなければならないが、それらは利用可能な情報の一貫性で評価することができると主張する。知識が構築され、また再構築される過程において、新しいデータや新しい視点が現れる可能性があるため、省察的思考をする人は自分の結論や知識の主張を再評価しようとするオープンな姿勢を保つようになる[14]。

このようなキングとキッチナーの枠組みはデューイ（John Dewey）やピアジェ（Jean Piaget）、コールバーグ（Lawrence Kohlberg）などによる認知発達の仮説を発展的に継承して構想されており[15]、表4-1は、合理的な人々が合理的に意見を異にする論争的な問題を、青年期後半から成人期にかけての学習者がどのように理解し、判断するかについての発達的順序のモデルを合理的に示したものである[16]。

表 4-1　省察的思考の判断基準（7 段階）

		知識の見方	正当化の概念	事例
前省察的思考	ステージ1	知識は絶対的かつ具体的に存在すると仮定され、抽象的なものとして理解されることはない。直接観察することによって確実に得ることができる。	ビリーフは正当化する必要がない。なぜなら、真実だと信じられていることと、真実であることの間には絶対的な対応関係があると想定されているからだ。	"私は見たものを知っている。"
	ステージ2	知識は絶対的に確かなものであるが、すぐには利用できないものとする。知識は感覚（直接観察など）を通して直接得るか、権威者を介して得ることができる。	ビリーフは吟味されず、正当化されないか、権威者（教師や親など）のビリーフとの対応関係によって正当化される。ほとんどの問題は正しい答えがあると仮定されているので、論争中の問題についての意思決定にはほとんど葛藤がない。	"ニュースでやっているのなら、それは本当であるに違いない。"
	ステージ3	知識は絶対的に確かなもの、あるいは一時的に不確実なものとされる。一時的に不確実な分野では、絶対的な知識が得られるまで、個人的なビリーフしか知ることができない。絶対的に確実な領域では、知識は権威から得られる。	確かな答えが存在する分野では、権威の見解を参照することでビリーフが正当化される。答えが存在しない分野では、証拠とビリーフの間のリンクが不明確であるため、信念は個人的な意見として守られる。	"人々が皆を納得させられるような証拠があれば、それは知識となる。それまでは単なる推測にすぎない。"
準省察的思考	ステージ4	知識は不確実なものであり、知識の主張は個人に特有である。なぜなら、状況変数（データの不正確な報告、時間の経過とともに失われるデータ、情報へのアクセスの格差など）により、知ることは常に曖昧な要素を含むことが避けられないからである。	ビリーフは理由を述べ、証拠を用いることで正当化されるが、その論拠や証拠の選択は独特である（例えば、確立されたビリーフに適合する証拠を選択するなど）。	"証拠があれば、進化を信じる気になる。でもピラミッドの謎と同じで、一生わからないと思う。誰に聞くんだ？誰もそこにいなかったんだから。"

	ステージ5	知識は、その人の認識や判断基準によってフィルターを通されるため、文脈的かつ主観的なものである。証拠、出来事、問題の解釈のみが既知となりうる。	ビリーフは、特定の文脈の中で、その文脈のための探究のルールと、文脈特有の解釈を証拠とすることによって正当化される。特定のビリーフは文脈に依存すると仮定されるか、他の解釈とのバランスがとれているため、結論が複雑になる（時には遅れる）。	"人はそれぞれ違った考え方をするので、問題への取り組み方も違ってくる。他の理論も自分の理論と同じように正しいかもしれないが、異なる証拠に基づいている。"
省察的思考	ステージ6	知識は、様々な情報源からの情報に基づいて、構造化されていない問題に対する個々の結論として構築される。文脈を超えた証拠の評価や、評判の良い他者の評価意見に基づく解釈は、知ることができる。	ビリーフは、問題に対する異なる視点、あるいは異なる文脈にわたる証拠と意見を比較し、証拠の重み、解決策の有用性、あるいは行動の実際的必要性などの基準によって評価された解決策を構築することによって正当化される。	"この人生において、確信することはとても難しい。確信の度合いというものがある。その問題に対する個人的なスタンスを取るのに十分な確信に至る。"
	ステージ7	知識とは、構造化されていない問題に対する解決策を構築する合理的な探究のプロセスの結果である。これらの解決策の妥当性は、現在の証拠に照らして最も合理的または可能性の高いものという観点から評価され、関連する新しい証拠、視点、調査手段が利用可能になった時点で再評価される。	ビリーフは、証拠の重み、解釈の説明的価値、誤った結論のリスク、オルタナティブな判断結果、およびこれらの要因の相互関係などの様々な解釈的考察に基づいて、確率論的に正当化される。結論は、利用可能な証拠に基づき、ある問題について最も完全で、もっともらしく、または説得力のある理解を表すものとして擁護される。	"立場がどれだけよく練られているか、それを支えるためにどのような推論や証拠が使われているか、このテーマでの議論の仕方が他のテーマでの議論の仕方と比較してどれだけ一貫しているかで議論を判断することができる。"

（筆者訳出）

(2) 分析の前提となる枠組み②：クーンとワインストックの認識論的思考モデル

次に、マッジョーニは、主観性と客観性の次元から認識論的理解の段階的な概念化を図るクーン（Deanna Kuhn）とワインストック（Michael Weinstock）の認識論的思考モデルに着目した。彼らは、認識論的思考の発達段階を「現実主義者（Realist）」「絶対主義者（Absolutist）」「多元主義者（Multiplist）」「評価主義者（Evaluativist）」といった四段階のレベルに整理している（表4-2）[17]。

「現実主義者」と「絶対主義者」のレベルでは、知識は主として客観的に存在し、確実に知ることができるものとされる。「多元主義者」のレベルでは、知識は主体の認識の在り方に左右され、それ故に知識は不確実で主観的

表4-2　認識論的思考（Epistemological Thinking）モデル（4段階）

レベル	主張	事実	知識	批判的思考
現実主義者	主張とは、外界の現実のコピーである。	事実は直接に知ることができる。	知識は外から入ってくるもので、確かなものである。	批判的思考は必要ない。
絶対主義者	主張とは、現実の表現が正しいかどうかを示す事実のことである。	事実は直接に知ることができる。	知識は外から入ってくるもので、確かなものである。	批判的思考とは、主張を現実と比較し、その真偽を判断するための手段である。
多元主義者	主張とは、主張する者によって自由に選択され、主張する者のみに責任がある意見である。	事実は直接に知ることができない。	知識は人間の頭脳によって生み出されるものであり、不確実なものである。	批判的思考は関係ない。
評価主義者	主張とは、議論と証拠の基準に従って評価し、比較することができる判断である。	事実は直接に知ることができない。	知識は人間の頭脳によって生み出されるものであり、不確実なものである。	批判的思考は、正しい主張を促し、理解を深めるための手段として評価されている。

（筆者訳出）

なものとされる。そして、誰もが自分の意見を持つ権利を有しているので、すべての意見は等しく正しいものと考えられる。「評価主義者」のレベルでは、主観的な知識を議論と証拠によって比較し評価することによって客観的次元に再統合することをめざし、知ることの主観的次元と客観的次元の協調をはかろうとするようになる[18]。

(3)　量的分析のためのアンケートの作成

　マッジョーニはアレクアンダー（Patricia Alexander）、ヴァンスレッドライトとともに、キングとキッチナーの省察的判断モデルと、クーンとワインストックの認識論的思考モデルを援用し、歴史教師のビリーフを量的に測定するためのリッカート法によるアンケートを設計した。これまで、歴史教師のビリーフはインタビューやエッセイを中心とした質的な調査が行われていたが、これらは時間がかかるだけでなく、スコアがつけにくいという課題があった。そのため、実施が容易で効率的な調査手法を開発し、教師のビリーフ研究のサンプルを増やすとともに、データ化によって他分野の教育研究と連携する可能性を拓こうとしたのである[19]。

　表4-3は、キングとキッチナーおよびクーンとワインストックによる認識論的理解・ビリーフに関するモデルを、歴史学における過去の認識方法に転用して作成した歴史教師のビリーフ調査のアンケートである[20]。このアンケート項目を見ると、①②③⑤⑥⑦⑧⑨⑩が「前省察的思考」、⑭⑮⑯⑰⑱⑲⑳が「準省察的思考」、④⑪⑫⑬㉑が「省察的思考」について問うものとなっているように見える[21]。

(4)　アンケートの実施・結果考察

　マッジョーニは、このアンケートを小学校4・5学年を担当する教師が夏休みに参加する8日間の歴史教師研修プログラムの前後に実施した。参加者は72名、教員歴の平均は10.95年であり、大学で歴史学の授業を受けた経験

表 4-3　アンケート用紙

	以下の各項目について、あなたの考えに最も近いものを右欄の1〜6より選んで、○をつけて下さい。	全く 同意 しない ← →				強く 同意 する	
①	暗記が得意な生徒は、歴史を学ぶのが早いものです。	1	2	3	4	5	6
②	歴史の学習において、証拠の裏付けや出典の特定は重要な学習方法ですが、それは基本的な事実を習得した後に行います。	1	2	3	4	5	6
③	歴史には、理解すべきことは何もなく、事実がそれを物語っています。	1	2	3	4	5	6
④	歴史の方法論の知識は、歴史家にとっても生徒にとっても基本的なものです。	1	2	3	4	5	6
⑤	教科書をよく知っている生徒は、歴史が得意になります。	1	2	3	4	5	6
⑥	歴史を学ぶということは、主に過去に関する多くの事実を勉強し、それを記憶することです。	1	2	3	4	5	6
⑦	歴史的な調査を困難にしてしまうので、教師は生徒に矛盾するような資料を与えないようにしなければなりません。	1	2	3	4	5	6
⑧	歴史の学習では、比較することよりも要約することが重要です。	1	2	3	4	5	6
⑨	教師は生徒の歴史的な意見を問うのではなく、事実を知っているかどうかだけを確認すればよいのです。	1	2	3	4	5	6
⑩	一般的な読解力と理解力で十分に歴史を学ぶことができます。	1	2	3	4	5	6
⑪	歴史を学ぶ上で、資料を比較し、著者の根底にある言外の意味を探ることは不可欠な要素です。	1	2	3	4	5	6
⑫	生徒は矛盾する証拠を扱うことを教わる必要があります。	1	2	3	4	5	6
⑬	生徒が自分の推論を証拠で裏付けることを教わることは基本であり、歴史教科書の著者にもそうすることを求めます。	1	2	3	4	5	6
⑭	多くの歴史書を読んだ生徒は、過去は歴史家が作り出したものであることを学びます。	1	2	3	4	5	6
⑮	優秀な生徒は、歴史は基本的に見解の問題であることを知っています。	1	2	3	4	5	6
⑯	歴史は本質的に解釈の問題であることを、生徒は認識する必要があります。	1	2	3	4	5	6

⑰	歴史は物語のように教えるべきものです。あることは真実だが、あることは個人の見解に過ぎません。	1	2	3	4	5	6
⑱	歴史書を読む場合、論じられた証拠に対する理由付けよりも、歴史家の視点に注目することが重要です。	1	2	3	4	5	6
⑲	過去に何が起こったのか知る術はないので、生徒は自分たちの選んだどのような話でも信じることができます。	1	2	3	4	5	6
⑳	ある歴史的解釈が他のものより優れていると教えることは、通常、不適切なことです。	1	2	3	4	5	6
㉑	教師はすべての歴史的解釈を利用できるようにし、生徒自身にその理解を構築させることが必要です。	1	2	3	4	5	6

（筆者訳出）

のある教員は 5 名であった[22]。

　この講習の前後のアンケートをバリマックス回転およびオブライミン回転を用いて分析した結果、教師のビリーフの状況を分析するのに適した二つの因子が明らかになった。第一の因子は歴史的知識の客観性、もう一つは歴史的知識の主観性であった。第一因子の歴史的知識の客観性は、歴史は基本的に固定され客観的なものであり、授業においては歴史的知識の習得に向けて歴史家や歴史の方法論は顧みないという前省察的思考ビリーフであれば高くなる。そして、第二因子の歴史的知識の主観性は、歴史を基本的に主観的なものと考え、解釈と意見を同一視するという準省察的思考ビリーフであれば高くなる[23]。そして、この二つの因子を各教師のビリーフの状態をマッピングするための理論的な枠組みとして表 4-4 を作成し、「①基準者（Criterialists）」「②相対主義者（Relativists）」「③現実主義者（Naive Realists）」「④二項対立思考者（Dichotomous Thinkers）」の四類型を設定した[24]。

　「①基準者」に類型されるのは、第一因子と第二因子のいずれも低い、すなわち歴史的知識について客観性についても主観性についても絶対視しないと考える立場である。これは、キングとキッチナーの省察的判断モデルにおける「前省察的思考」の段階と「準省察的思考」の段階のいずれも脱した状

表 4-4 歴史認識論的ビリーフに関する各教師の状況をマッピングする枠組み

況であり、よりよい証拠と議論を辛抱強く織り交ぜながら最良の説明を探し求めようとする「省察的思考」の段階である[25]。また、クーンとワインストックの認識論的思考モデルにおける「評価主義者」とも一致している。

「②相対主義者」に類型されるのは、第一因子は低く第二因子は高い、すなわち歴史的知識の客観性は低いが主観性は高いと考える立場である。これは、キングとキッチナーの省察的判断モデルにおける「前省察的思考」の段階を脱し、歴史の構築的な性質を強く意識し、その主観的な性質に重点を置く「準省察的思考」の段階と言える[26]。また、クーンとワインストックの認識論的思考モデルにおける「多元主義者」とも一致している。

「③現実主義者」に類型されるのは、第一因子は高く第二因子は低い、すなわち歴史的知識の客観性は高いが主観性は低いと考える立場である。キングとキッチナーの省察的判断モデルにおける「前省察的思考」の段階にある立場であり、過去と歴史は完全に対応していると信じて証拠を重視する一方で解釈のプロセスが意識されていない[27]。これは、クーンとワインストックの認識論的思考モデルにおける「現実主義者」「絶対主義者」の類型とも

一致している。

　「④二項対立思考者」に類型されるのは、第一因子と第二因子のいずれも
高い、すなわち歴史的知識について客観性も主観性も高いと考える立場で、
過去と歴史は一致していると考えると同時に、歴史的知識は一般的には主観
的なものと意識するという立場であり[28]、論理的には不整合さがあるけれ
ども、歴史教師の実態から考えると、教師が状況や場面によって使い分けて
いることも考えられる。

　研修前のアンケート対象者をこの四類型に分類すると、「①基準者」37名、
「②相対主義者」35名、「③現実主義者」0名、「④二項対立思考者」0名で
あった。また、研修後のアンケートでは「①基準者」29名、「②相対主義者」
43名、「③現実主義者」0名、「④二項対立思考者」0名という結果となっ
た[29]。第一因子が高い「③現実主義者」と「④二項対立思考者」が0名と
いうのは、このアンケートが教員研修の一環としてとらえられていた影響で
はないかとマッジョーニは考察したが[30]、結果的には研修参加者は「①基
準者」と「②相対主義者」のいずれかに分類されることになり、研修前後で
の教師の歴史認識的ビリーフの変化を図示すると図4-1のようになった[31]。

　アンケート結果をもとに、歴史教師の認識論的ビリーフの変化を考察する
ためには、この歴史教師研修プログラムの内容もあわせて考察すべきであろ
うが、これについては2004年にアメリカ教育研究学会（American Educational
Research Association）での大会で報告がなされたという記載が大会プログラ
ムの目次から確認できるのみで、その内容については記録[32]が残っていな
い。しかし、この結果からだけでも、次のような示唆を得ることができよう。

　図4-1にも示されているように、歴史教師の認識論的ビリーフは、段階
的・直線的に「②相対主義者」的立場から「①基準者」的立場へと移行する
のではないことが分かる。研修の前後では、「②相対主義者」的立場から
「①基準者」的立場へと移行するばかりでなく、「①基準者」的立場から「②
相対主義者」的立場に移行する教師も多い。これは、歴史教師のビリーフを

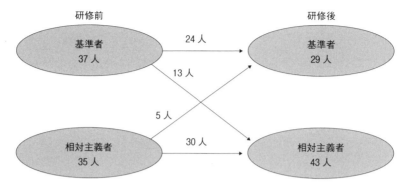

研修前　　　　　　　　　　　　　　　　研修後

基準者　　24人　　　　基準者
37人　　　　　　　　　　　　29人

13人

5人

相対主義者　　30人　　　　相対主義者
35人　　　　　　　　　　　　43人

図4-1　研修前後での教師の歴史認識的ビリーフの変化（筆者訳出）

改善するのは容易ではないことを示しており、歴史教師の育成や研修のプログラムにおいて、"歴史学は必ずしも正しい答えを導けるとは限らないが、ある程度のレベルで正しい解を得ることのできるヒューリスティックな方法に依拠している"というビリーフを教師が獲得するまで、繰り返し、時間をかけた取り組みが必要であることを物語っている[(33)]。

4．おわりに

　本章では、1990年代以降になって活発になる米英圏の歴史教師のビリーフ研究の動向について整理した。特に米国の歴史教師についてのビリーフの研究は、当初、質的研究を中心としたものであったが、今世紀に入って、アンケート調査を用いた量的研究も行われるようになった。本章では、マッジョーニがヴァンスレッドライトらと実施したアンケート調査を検討することによって、その認識論的背景と分析手法について具体的に検討した。

　ただし、このことは歴史教師のビリーフ研究が質的研究から量的研究に移り変わったことを意味しない。質的研究と量的研究を総合した研究が現在進行しており、歴史教師の認識論的ビリーフの改善についての研究はまさに現

在進行形である。

　歴史教師のビリーフを変化させることは容易ならざることのようである。今後は、歴史教師のビリーフの実態の分析を更に進めるとともに、その改善のための取り組みについての検討が求められる。

【註】

（ 1 ）Maggioni, L. (2010). *Studying epistemic cognition in the history classroom: cases of teaching and learning to think historically*. Dissertation submitted to the Faculty of the Graduate School of the University of Maryland, College Park, in fulfillment of the requirements for the degree of Doctor of Philosophy. https://www.researchgate.net/publication/271429471_Studying_epistemic_cognition_in_the_history_classroom_Cases_of_teaching_and_learning_to_think_historically（最終アクセス2022年 6 月 7 日）

（ 2 ）Wineburg, S. (1991). Historical problem solving: A study of cognitive processes used in the evaluation of decumentary and pictorial evidence. *Journal of Educational Psychology, 83*(1), 73-81.

（ 3 ）本書の他章では「資史料」の語を用いることが多いが、ここでは historical materials の意味として「史料」としている。

（ 4 ）Maggioni, op. cit., 40-41. 原典は Yeager, E., & Davis, O. Jr. (1996). Classroom teachers' thinking about historical texts: An exploratory study. *Theory and Research in Social Education, (24)* 2, 145-166.

（ 5 ）Maggioni, op. cit., 35-36. 原典は Gillaspie, M. K., & Davis O. Jr. (1998). Historical constructions: How elementary student teachers' historical thinking is reflected in their writing of history. *International Journal of Social Education, 12*(2), 35-45.

（ 6 ）Maggioni, op. cit., 36-37. 原典は Bohan, C., & Davis (1998). Historical constructions: How social studies student teachers' historical thinking is reflected in their writing history. *Theory and Research in Social Education, 26*(2), 173-197.

（ 7 ）Maggioni, op.cit., 37-38. 原典は VanSledright, B. (2002). *In search of America's past: Learning to read history in elementary school*. New York: Teachers College Press.

（ 8 ）Maggioni, op.cit., 38-40. 原典は Bain, R. (2000). Into the breach: Using research

82

and theory to shape history instruction. In P. N. Stearns, P. Seixas & Wineburg (Eds.), *Knowing, teaching and learning history: National and international perspectives* (pp. 331-352). New York: New York University Press. および Bain. (2005). "They thought the world was flat?" Applying the principles of how people learn in teaching high school history. In S. Donovan & J. Bransford (Eds.), *How students learn: History in the classroom*. Washington D.C.: The National Academies Press.

(9) Maggioni, op.cit., 40.

(10) Ibid., 42-43. 原典は Husbands, C., Kitson, A, & Pendy, A. (2003). *Understanding History Teaching: Teaching and Learning about the Past in Secondary Schools*. Open University Press.

(11) King, P. M., & Kichener, K. S. (1994). *Developing Reflective Judgement* (pp. 41-42) Jossey-Bass Inc.

(12) King & Kichener. (2004). Reflective Judgment: Theory and Research on the Development of Epistemic Assumptions Through Adulthood. *Educational Psychologist, 39*(1), 6.

(13) Ibid., 6.

(14) Ibid., 9.

(15) Ibid., 6, 9.

(16) Ibid., 3-5.

(17) Kuhn, D., & Weinstock, M. (2002). What Is Epistemological Thinking and Why Does It Matter?, In B. K. Hofer & P. R. Pintrich, (Eds.). (2002). *Personal epistemology: The psychology of beliefs about knowledge and knowing* (pp. 121-144). Routledge.

(18) Ibid., 121-144.

(19) Maggioni, Alexander, P., & VanSledright. (2004). At a crossroads? The development of epistemological beliefs and historical thinking. *European Journal of School Psychology, 2* (1-2), 179-180. なお、マッジョーニは学位論文で質的調査を積極的に実施して、質的調査の重要性も理解しており、決して質的調査に否定的であった訳ではない。

(20) Ibid., 181-186 をもとに作成した。

(21) Ibid., 181-185にアンケート項目③④⑥⑧⑪⑬⑭⑰⑲についての区分が明示されている。残りの①②⑤⑦⑨⑩⑫⑮⑯⑱⑳㉑の項目の区分についてはあくまでも二井が判断したものである。

(22) Ibid., 180-181.

(23) Ibid., 183.

(24) Ibid., 186-187.

(25) Ibid., 187-188.

(26) Ibid., 187-188.

(27) Ibid., 187-188.

(28) Ibid., 187-188.

(29) Ibid., 188.

(30) Ibid., 88-189.「③現実主義者」0名、「④二項対立思考者」0名という結果について、マッジョリーニはアンケートの意図を受講生が忖度した可能性を指摘している。その他、アンケート対象者の母数が少ないことも偏りに影響しているかもしれない。

(31) Ibid., 189.

(32) VanSledright, Alexander, Maggioni, Kelly, T., & Meuwissen, K. (2004). Examining shifts in teachers' epistemologies in the domain of history. *Paper to be presented at the Annual Meeting of the American Educational Research Association.* San Diego, CA, 2004. この文献はヴァンスレッドライト、アレキサンダー、マッジョーニら5名が2004年4月15日に American Educational Research Association の研究大会の Developing Historical Understandings, Division C: Learning and Instruction というセッションにおいて、Examining shifts in teachers' epistemologies in the domain of history という発表を行った発表レジュメである。発表の事実は、大会プログラム（*Enhancing the visibility and credibility of educational research: American Educational Research Association: 2004 annual meeting program*, At Manchester Grand Hyatt San Diego, San Diego Marriott Hotel and Marina, San Diego Convention Center, San Diego, California, 256）から確認できるが、ここには発表の内容を確認できる資料については記載されていなかったのでその内容は確認できなかった。図4-1 からは研修後に「基準者」が減少し、「相対主義者」が増加している状況が読み取れるが、研修プログラムの内容が、アンケートの趣旨と合致していなかった可能性も考えられる。

(33) Maggioni, Alexander & VanSledright, op.cit., 190をもとにした。

第5章　歴史教師のビリーフに関する研究方法の提示
―ビリーフ調査用質問項目の開発を通して―

1．はじめに

　本章では、歴史教師のビリーフを捉える枠組みを設定し、それに基づいたビリーフ調査のための質問項目を開発することで、ビリーフの研究方法を検討する。

　第3章において、日本での歴史教師のビリーフ調査の実施に向けた理論的基盤を明確にするために、スイスドイツ語圏における歴史教師のビリーフ研究を考察した[1]。その考察から、スイスドイツ語圏の歴史教師のビリーフ研究は、ビリーフを歴史理論的ビリーフと歴史教授学的ビリーフに構造規定し、それぞれの傾向性、ビリーフ間や歴史授業の多様な側面との相関関係を究明する研究方法を採用していることを明らかにした[2]。そして、このビリーフ研究の理論的背景にはビリーフを教師のプロフェッショナル・コンピテンシーに位置づけるドイツ一般教授学のモデルがあり、このモデルに依拠することで、スイスドイツ語圏のビリーフ研究は、歴史教師のプロフェッショナル・コンピテンシーを設定し、その育成を図るスタンダードの作成に重要な役割を果たすという意義を有していることを解明した[3]。

　以上を踏まえ、日本の歴史教育学研究においてビリーフ研究を実施するために、①歴史教師のプロフェッショナル・コンピテンシーのモデルとその構成要素を提示すること、②歴史教師のビリーフの構造規定を明確にすること、③歴史教師のビリーフの研究方法を確立することという3点の示唆を得た[4]。本章はこれら3点の示唆に基づいて、日本で歴史教師のビリーフ調

査を実施するための具体的な研究方法を検討する。

　近年の国際的な教師のビリーフ研究では、多様な方法が採用される。『教師のビリーフ研究国際ハンドブック』では、教師のビリーフを調査するための、質問紙、インタビュー、教室での観察、振り返りの記述、教師の知識や能力のテスト、ビネット調査、スケーリング回答、ポートフォリオ、ビリーフの視覚的描写、教室での多様な成果物といった10の方略が示される[5]。従来の質問紙での量的な調査だけではビリーフを捕捉しきれないことから、インタビューや観察、教師の記述、教師の学習指導計画や授業資料、生徒の記述といった多様な資料を基に教師のビリーフを質的に調査する研究方法が採られている。バルセロス（Ana Maria Ferreira Barcelos）は、ビリーフは社会的な相互作用や文脈の影響を受ける動的なものであり、文脈的アプローチでの質的調査の重要性を指摘する[6]。国際的にも質的なビリーフ調査に関する研究は豊富に蓄積されてきている[7]。

　しかし、本章では、質問紙調査での量的な研究方法を検討する。それは、日本では言語系教科における教師のビリーフの量的調査は数多く存在するが、歴史教育学研究では歴史教師のビリーフ調査自体がほぼ皆無であり、まずは量的調査によって歴史教師の一定の属性を把握することが肝要であると考えるからである。

　前述の3点の示唆の内、歴史教師のプロフェッショナル・コンピテンシーのモデルとその構成要素の提示に関しては、ドイツ一般教授学研究におけるコンピテンシー・モデルとその構成要素を、歴史教師のビリーフの構造規定の明確化に関しては、スイスドイツ語圏の歴史理論的ビリーフと歴史教授学的ビリーフを援用する。ビリーフの研究方法をどのように定めるかに関しては、本研究は質問紙調査での量的研究であるので、日本の歴史教育学研究の文脈に即して質問項目をどのように設定するのかという考察が不可欠である。

　言語系教科の教師のビリーフ調査では、ホルヴィッツ（Elaine K Horwitz）の言語学習の適性、難しさ、性質、言語学習ストラテジーという4分野から

なる BALLI の教師バージョン[8]があり、教師の指導行動や態度といった一般的な教師のビリーフ調査では、河村茂雄と國分康孝が提案するラショナル・ビリーフとイラショナル・ビリーフ[9]が典型的な枠組みとして活用されている。しかし、日本の歴史教育学研究では援用しうる枠組みが存在しないため、その開発が必要である。そのため、歴史教師のビリーフ調査ではどのような枠組みを設定し、どのような質問紙を作成することができるのかという問いを設定し、その回答を導くことで、歴史教師のビリーフを調査する研究方法を考察することとする。そこで、第2節では、歴史教師のビリーフを捉える枠組みを考察し、第3節でその枠組みに基づいた質問項目を提示することで、歴史教師のビリーフを調査するための研究方法を検討する。

2．歴史教師のビリーフを捉える枠組みの考察

　本節では、スイスドイツ語圏の歴史教師のビリーフの構造規定と、日本の社会科教育学研究の成果を援用して、日本において歴史教師のビリーフ調査を実施するための枠組みを考察する。

⑴　スイスドイツ語圏における歴史教師のビリーフの構造規定の援用

　本項では、スイスドイツ語圏の歴史教師のビリーフの構造規定を援用し、歴史教師のビリーフを歴史理論的ビリーフと歴史教授学的ビリーフと捉える。これについては、第3章で示したビリーフを捉える枠組みを再度整理して取り上げ、歴史理論的ビリーフから検討する。FHNW グループのビリーフ研究では、キング（Patricia M. King）とキッチナー（Karen Strohm Kitchener）、クーン（Deanna Kuhn）とワインストック（Michael Weinstock）の教育心理学研究における認識論的思考の発達段階モデルを歴史学習に援用したリー（Peter Lee）とシェミルト（Denis Shemilt）の歴史解釈における発達モデルの構想、さらに、これら一連の発達の段階モデルを歴史教師のビリーフ研究に援

用したマッジョーニ（Liliana Maggioni）とアレクサンダー（Patricia Alexander）とヴァンスレッドライト（Bruce VanSledright）の歴史教師の認識論的ビリーフに関する研究成果を関連づけ、歴史理論的ビリーフを構想した[10]。この歴史理論的ビリーフには、実証主義・懐疑主義・語り的構成主義という３つの立場があり[11]、実証主義の立場は過去と歴史を同一視し、歴史は史資料で直接認知でき、解明されるという信念に立つ。懐疑主義の立場は、歴史は過去そのものではなく、書き手によって構造化されるという信念を持つ。語り的構成主義の立場は、過去と語りとしての歴史を区別し、歴史は現在の歴史学の多様な研究方法を活用して史資料から解明することができるという信念に立脚する。FHNW グループの歴史理論的ビリーフを援用すると、歴史教師が持つ歴史観や生徒にどのような学習内容を獲得させるのかという歴史授業における学習内容に対する考え方を解明することができる。

　次に、歴史教授学的ビリーフである。FHNW グループは、COACTIV 研究やシュタウプ（Fritz C. Staub）とシュテルン（Elsbeth Stern）の研究、シュリヒター（Natalia Schlichter）の「学習の社会的次元への焦点化」、ジィーベルト（Horst Siebert）による知識の個人的構築と協働での構築のバランスを重視する社会的構成主義に関する研究といった一般教授学研究や教科教授学研究の成果に基づく[12]、歴史の教授と学習に関わる歴史教師のビリーフを歴史教授学的ビリーフと呼ぶ。この歴史教授学的ビリーフは、伝達的・個人的構成主義・社会的構成主義という歴史教師の３つの立場に区分される[13]。伝達的な立場は、教師中心の授業で、教師が歴史を具体的に説明し、それを生徒が反復訓練して覚えることで歴史を習得することが重要であるという信念である。個人的構成主義の立場は、生徒の個人的な過去の取り組みを通して生徒各自が歴史描写を再構築・脱構築する学習がめざされるため、生徒の自己組織的な学習の促進を重視する信念である。社会的構成主義の立場は、生徒が個人だけでなく、協働で歴史を再構築・脱構築して意味形成することで歴史的思考やコンピテンシーの育成や歴史文化への参加が図られるため、

生徒が討議して歴史描写を協働で構築していくことを重視する信念である。FHNW グループの歴史教授学的ビリーフを援用すると、歴史教師の教授・学習観、生徒にどのような学習方法で学習させるのかという歴史授業における学習方法に対する考え方を解明することが可能となる。

　以上から、FHNW グループの歴史教師のビリーフの構造規定である歴史理論的ビリーフと歴史教授学的ビリーフを援用すると、歴史教師の歴史観や教授・学習観、歴史授業における学習内容と学習方法に関する考え方を調査することができると考えられる。

(2)　日本の教科教育学・社会科教育学研究の成果の援用

　第1項で検討した歴史教師のビリーフの構造規定では、歴史教師がどのようなビリーフを有しているのかについての解明は可能である。しかし、歴史教師のビリーフは本来、歴史教師のあらゆる教育的営みにおいて機能しており、ビリーフの構造規定のみでは、歴史観や教授・学習観、歴史授業における学習内容と学習方法に関する考え方という一部の教育的営みに限定されてしまう。そこで、日本の教科教育学・社会科教育学研究の成果を援用して、歴史教師の教育的営みの領域を捕捉し、歴史教師のビリーフの構造規定では調査できないものを調査対象とすることで、日本独自のビリーフ調査が実施可能になると考えられる。歴史教師の教育的営みの領域を教科教育学・社会科教育学研究の成果から考察し、ビリーフ調査において何を調査対象にするのかを検討する。

　草原和博は教科教育実践の研究を捉えるフレームワークを検討し、教科教育実践を教師の研究仮説として、授業実践、授業計画、授業モデル、授業理論という4つの階層性で構造化する[14]。草原は「どういう教師も、『こうすればいい授業ができるのではないか』という仮説を持って授業に臨」[15]むとし、その仮説の試行と表現が4つの階層性でなされるとする。以下、草原の論に従って、各階層をみていく[16]。「授業実践」は「こうすればいい授業が

できるのではないか」という仮説の最終的な施行と表現であり、教師自らの仮説の成果である。「授業実践」の前段階に位置づくのが、「授業計画」である。「授業計画」はこういう実践をすれば上手くいくであろうという構想である。その構想には指導案や授業メモ、板書計画という視覚的な構想と、頭の中での構想があるとされる。この「授業計画」の構想にもその根拠となる仮説が存在しており、それが「授業モデル」である。恩師や同僚や雑誌等から学ぶ中で、自身が良い授業と考える、単元を例とした教科指導の理念型が「授業モデル」である。授業モデルには、教授書等が該当する。自身が良い授業と考える理念型を設計するには、教科の目標、授業における教師が果たすべき役割、内容構成や学習方法や指導過程の原則といった多岐に亘る「授業理論」に関する仮説が不可欠である。

　草原は授業理論から授業モデル、授業計画を経て授業実践へと至る過程を一般性の高い仮説から具体的な仮説に変換していく知的営為として授業の「創造」、その逆の過程を個別性の高い仮説の分析からその根拠となる一般的仮説を導く研究を授業の「説明」として、2方向から教科教育実践研究を説明する[17]。さらに、草原はこれら4階層からなる仮説が時間的な前後に基づく連続体ではなく、不連続な入れ子構造であると指摘する[18]。教師が自身を取り巻く環境条件とは関係なく、教科教育実践を原理的レベルで捉えるのが「授業理論」と「授業モデル」、国の教育政策や学習指導要領、学校の教育方針や保護者のニーズを踏まえて具体的な指導場面を想定して「授業理論」や「授業モデル」を加工して設計するのが「授業計画」である。この「授業計画」で生徒に教えることができるのかを検討し、教室の生徒と学びの関係を構築しつつ計画を遂行することで成立するのが「授業実践」である。草原は、「授業理論」と「授業モデル」は教科教育論、「授業計画」は教科教育論と教科教育法、授業実践は教科教育論と教科教育法と教科教育術という異なる成立の次元と条件を有する入れ子構造として教科教育実践を捉える。

　以上を踏まえ、草原は「常識的な教科教育実践研究」と「科学的な教科教

育実践研究」という教科教育実践研究を捉えるフレームワークを設定する[19]。前者は、教科教育実践の階層性と入れ子構造から、授業理論、授業モデル、授業計画、授業実践を区別せず、教科教育実践をトータルに分析、開発しようとするもので、後者は、授業理論、授業モデル、授業計画、授業実践を明確に区別し、教科教育実践のピースミールな分析、開発に徹するものである。

　草原が設定したフレームワークは、教師が優れた授業を実践する上で設定する仮説の領域、教科教育実践研究の研究領域を捕捉するもので、本章が明らかにすることを図る歴史教師の教育的営みの領域と重なるものであり、教科教育実践研究を捉えるフレームワークは歴史教師の教育的営みの領域に援用可能であると考える。そこで、歴史教師の教育的営みの領域を授業理論、授業モデル、授業計画、授業実践という枠組みで捉えることが想定される。ただし、教科教育実践研究ではなく、歴史教師のビリーフ研究の場合、授業計画の構想を視覚化した指導案や授業メモ、板書計画は個々の教師の動的なビリーフを調査する質的研究の研究対象であるが、歴史教師の一定の属性の把握を図る量的研究では研究対象とすることは困難である。以上から、歴史教師のビリーフの量的研究をめざす本章では、草原の教科教育実践研究のフレームワークを援用し、歴史教師のビリーフ調査という観点から授業計画を除外して、歴史教師の教育的営みの領域を授業理論、授業モデル、授業実践に限定し、この 3 領域から歴史教師のビリーフを検討することを図る。

　本節では、歴史教師のビリーフを、スイスドイツ語圏の歴史教師のビリーフの構造規定を援用した歴史理論的ビリーフと歴史教授学的ビリーフとし、両ビリーフを日本の教科教育学・社会科教育学研究で示された教科教育実践研究を捉えるフレームワークを援用して導いた授業理論、授業モデル、授業実践の領域で調査するという歴史教師のビリーフを捉える枠組みを導出した。

3．歴史教師のビリーフ調査のための質問項目の開発

　本節では、第2節で示した歴史理論的ビリーフと歴史教授学的ビリーフを授業理論、授業モデル、授業実践という領域ごとに調査するための質問項目を考察する。各領域のビリーフ調査のための質問項目を開発するためには、例えば、歴史授業の一般的・普遍的な原理的レベルに相当する授業理論ではどのような観点から歴史教師のビリーフを調査できるのかといった各領域の調査の観点の設定が必要である。まず、授業理論の調査の観点から検討する。

(1) 授業理論に関する質問紙項目開発のための観点の考察

　授業理論では、どのような歴史授業をめざすのかという歴史授業の目標から、どのように歴史を教授し、生徒に学習させるのかという教師の教授・学習観（授業観）、その目標や教授・学習観では教師はどのような役割を果たすべきかという教師の役割の捉え方によって、歴史授業が全く異なるものとなる。さらに、これらの背景には、歴史教師が歴史をどのように捉えているのかという歴史観が存在する。これより、授業理論の観点では、歴史授業の目標、教授観、学習観、教師の役割、歴史観を設定することが適切であろう。

　日本の社会科教育学研究の成果を踏まえると、歴史授業の目標は、①歴史学の成果を体系的に獲得させるという科学的な社会認識の形成を図る、②歴史を通して現在や未来の社会やその問題を考察するという市民的資質の育成を図る、③歴史的思考の促進という歴史的な資質・能力の育成を図る、④生徒の歴史的関心を高め、歴史の共感的な理解という歴史を学ぶ意義を生徒に実感させることを図るといった目標が想定される。①を社会認識志向、②を市民的資質志向、③を歴史的な資質・能力志向、④を生徒志向と呼ぶこととし、これら4つを下位観点とする。

　教授観は、スイスドイツ語圏の歴史教師のビリーフ研究の成果を踏まえ、

前述の歴史教授学的ビリーフの伝達的な立場、個人的構成主義の立場、社会的構成主義の立場という 3 つを下位観点とする。伝達的な立場を採る歴史教師は、教師中心の具体的な描写と説明からなる講義で客観的な歴史を教授することをめざす。個人的構成主義の立場を採る歴史教師は、歴史授業において生徒個人が自身の歴史解釈を表現するといった自主的な学習ができるよう指導することを図る。社会的構成主義の立場を採る歴史教師は、歴史的な問いや問題設定にグループで協働して取り組むように指導することをめざす。

　学習観は教授観と表裏一体であり、同じく伝達的な立場、個人的構成主義の立場、社会的構成主義の立場という 3 つを下位観点とする。伝達的な立場を採る歴史教師は、教師が教授した客観的な歴史を生徒が正しく学習しているかを重視する。個人的構成主義の立場を採る歴史教師は、生徒の自主的な学習を重んじ、それを促進することを図る。社会的構成主義の立場を採る歴史教師は、問題解決学習やプロジェクト型学習といった協同的な学習が展開できるよう支援する。

　教師の役割は、教授観と学習観により決定づけられる。伝達的な立場を採る歴史教師は、客観的で正しい歴史を生徒に伝達することを教師の役割と捉える。これを伝達者としての教師の役割とする。個人的構成主義や社会的構成主義の立場を採る歴史教師には、生徒の自主的もしくは協同的な学習を支援することを役割と考える者、それら生徒の学習により積極的に関与することを役割と考える者が想定される。前者をファシリテーターとしての教師の役割、後者をアクティベーターとしての教師の役割と呼ぶ[20]。これら 3 つの教師の役割を下位観点とする。

　歴史観は、前述のスイスドイツ語圏の歴史教師のビリーフ研究の成果を踏まえ、歴史理論的ビリーフの実証主義の立場、懐疑主義の立場、語り的構成主義の立場という 3 つを下位観点とする。実証主義の立場を採る歴史教師にとっては、歴史は過去についての客観的な事実を意味する。懐疑主義の立場を採る歴史教師にとり、歴史とは異なる見方や展望に立つ執筆者により異な

って表現される歴史解釈である。語り的構成主義の立場を採る歴史教師にとり、歴史は問題設定に即した現在の視点からの多様な史資料で根拠づけられる過去の再構築としての歴史的語りである。

　以上、授業理論では歴史授業の目標、教授観、学習観、教師の役割、歴史観が調査の観点で、観点の下位観点ごとにビリーフ調査の質問項目を構想する。

(2)　授業モデルに関する質問紙項目開発のための観点の考察

　次に、授業モデルの調査の観点を検討する。授業モデルは前述の通り、自身が良い授業と考える、単元を例とした教科指導の理念型であるため、授業の目標と密接に関連する。歴史授業の目標が社会認識志向である歴史教師は、科学的な社会認識の形成を重視する歴史授業を理想とする。これを説明主義の歴史授業とする。市民的資質志向の歴史教師は、歴史を現在の社会問題の起点として歴史を通して現在や未来の社会問題を考察、判断する歴史授業を理想とする。これを意思決定型の歴史授業と呼ぶ。歴史的な資質・能力志向の歴史教師は、生徒が多様な史資料を分析し、自身の歴史解釈を形成・表現する歴史授業を理想とする。これを歴史探究型の歴史授業とする。生徒志向の歴史教師は、生徒が歴史事象や人物に関心を持ち、主体的に吟味することで歴史を理解する歴史授業を理想とする。これを理解主義の歴史授業と呼ぶ。

　授業モデルでは、歴史授業像が調査の観点で、説明主義、意思決定型、歴史探究型、理解主義の歴史授業が下位観点となる。この下位観点ごとにビリーフ調査の質問項目を開発する。

(3)　授業実践に関する質問紙項目開発のための観点の考察

　最後に、授業実践の調査の観点を考察する。「授業実践」は前述の通り、「こうすればいい授業ができるのではないか」という仮説の最終的な施行と表現であり、教師自らの仮説の結果である。どのような歴史授業の目標や歴

史授業観に依拠するのか、歴史をどのように捉え、どのように教授・学習したいと考えるのかといった授業理論や授業モデル間の相互作用から多様な歴史授業の学習内容や学習方法が想定される。そこで、学習内容、学習方法を観点として設定する。

　学習内容は、スイスドイツ語圏の歴史教師のビリーフ研究の成果を踏まえ、歴史理論的ビリーフの実証主義の立場、懐疑主義の立場、語り的構成主義の立場の3つを下位観点とする。実証主義の立場を採る歴史教師にとっては、歴史授業の学習内容は、歴史学の成果に裏打ちされた客観的で正しい歴史の事実であるべきとなる。懐疑主義の立場を採る歴史教師には、複数の史資料から読み取った異なる複数の歴史解釈が学習内容となる。語り的構成主義の立場を採る歴史教師には、生徒の多様な史資料の探究から生徒自身が語りによって紡ぎ出す歴史解釈が学習内容となる。

　学習方法は、同じくスイスドイツ語圏の歴史教師のビリーフ研究の成果を踏まえ、歴史教授学的ビリーフの伝達的な立場、個人的構成主義の立場、社会的構成主義の立場の3つを下位観点とする。伝達的な立場を採る歴史教師においては、歴史授業では歴史教師が正しい歴史の事実を説明する講義が中心的な学習方法となる。個人的構成主義の立場を採る歴史教師にとっては、生徒各自が多様な史資料の分析や解釈に取り組み、それを言語化して語る学習方法が重要である。社会的構成主義の立場を採る歴史教師には、歴史的な問いや問題設定にグループで取り組み、協働して語りを構築する学習方法が重視される。

　授業実践に関する質問紙項目開発では、観点を学習内容と学習方法に大別し、下位観点ごとに質問項目を考察する。

⑷　ビリーフ調査のための質問項目の検討

　第1〜3項で授業理論、授業モデル、授業実践という領域ごとに質問紙項目開発のための観点を検討した。これによって、歴史教師の教育的営み全般

に亘る質問項目を設定することが可能となる。上記で取り上げた領域ごとの観点に従い、質問項目を構想したのが、表5-1である。表5-1では、横軸には領域、調査の観点、選択式質問項目例、記述式質問項目例、ビリーフの属性という項目を設定し、縦軸には各項目の説明を記載した。これにより各ビ

表5-1　歴史教師のビリーフ調査のための質問項目

領域	調査の観点		選択式質問項目例	記述式質問項目例	ビリーフの属性
授業理論	歴史授業の目標	社会認識志向	歴史授業の目標は、歴史学の最新の成果を獲得することである	あなたはどのような歴史授業の目標を設定しますか？	歴史教授学的ビリーフ
		市民的資質志向	歴史授業の目標は、歴史を通して現在や未来を考察することである		
		歴史的な資質・能力志向	歴史授業の目標は、歴史的思考を育成することである		
		生徒志向	歴史授業の目標は、歴史的関心を深め、歴史を共感的に理解することである		
	教授観	伝達的な立場	教師は、教科書にあるできるだけ多くの歴史的事象を分かりやすく伝達すべきである。	あなたはどのように歴史を教えたいですか？	
		個人的構成主義の立場	教師は、生徒各自が自らの歴史解釈を形成できるようにすべきである		
		社会的構成主義の立場	教師は、歴史授業を生徒が協働して歴史解釈を形成する過程として形成すべきである		
	学習観	伝達的な立場	生徒は、教科書に示された歴史の大きな流れを把握すべきである	あなたは生徒がどのように歴史を学習するのが望ましいと考えますか？	
		個人的構成主義の立場	生徒は、史資料の分析を通して、歴史を自分の言葉で表現することを学習すべきである		
		社会的構成主義の立場	生徒は、他者と協働することで、優れた歴史解釈が形成できることを学習すべきである		
	教師の役割	伝達者としての教師	教師は、歴史学の成果に基づいた確かな歴史的知識を生徒に伝達すべきである	あなたはどのような歴史教師を良い歴史教師と考えますか？	
		ファシリテーターとしての教師	教師は、生徒が歴史を主体的に学習するのを支援すべきである		
		アクティベーターとしての教師	教師は、生徒の歴史学習に関する多様な資質・能力の育成を図り、積極的に生徒の学習に関与すべきである。		

	歴史観	実証主義の立場	歴史とは、過去についての事実そのものである	あなたは歴史をどのように捉えていますか？	歴史理論的ビリーフ
		懐疑主義の立場	歴史とは、史資料の中に込められた執筆者の意図を見つけ出すことである		
		語り的構成主義の立場	歴史とは、複数の史資料から導かれるエビデンスに基づいた過去の再構築である		
授業モデル	歴史授業像	説明主義の歴史授業	歴史授業は、生徒が歴史的社会の仕組みを説明できるようにするべきである	あなたはどのような歴史授業が理想だと考えますか？	歴史教授学的ビリーフ
		意思決定型の歴史授業	歴史授業は、生徒が歴史的な意思決定場面において判断できるようにするべきである		
		歴史探究型の歴史授業	歴史授業は、生徒が多様な史資料を分析し、自身で歴史解釈を表現できるようにするべきである。		
		理解主義の歴史授業	歴史授業は、生徒が歴史的事象や人物に関心を持ち、主体的に歴史を理解できるようにするべきである		
授業実践	学習内容	実証主義の立場	歴史授業では、教師が教授する確かな歴史を学習内容とすべきである。	あなたは歴史授業においてどのような学習内容を設定していますか？	歴史理論的ビリーフ
		懐疑主義の立場	歴史授業では、生徒は多様な史資料から執筆者の意図を読み取って獲得する複数の歴史解釈を学習内容とすべきである。		
		語り的構成主義の立場	歴史授業では多様な史資料を根拠として生徒自身が形成する歴史解釈を学習内容とすべきである。		
	学習方法	伝達的な立場	歴史授業では、生徒が教師の説明を確かに理解することを学習方法とすべきである。	あなたは歴史授業においてどのような学習方法を設定していますか？	歴史教授学的ビリーフ
		個人的構成主義の立場	歴史授業では、生徒個人が多様な史資料を比較して、歴史解釈を形成することを学習方法とすべきである。		
		社会的構成主義の立場	歴史授業では、教師や生徒が設定した問題設定に教師と生徒、生徒同士が協働で取り組むことを学習方法とすべきである。		

（筆者作成）

リーフとの対応関係が判別される。

　領域は歴史教師のビリーフ調査の対象となる授業理論、授業モデル、授業実践からなる。授業理論は歴史授業の目標、教授観、学習観、教師の役割、歴史観、授業実践は学習内容と学習方法に区分している。

　選択式質問項目例では、各下位観点の立場をとる教師であれば同意すると想定される質問項目を1つ挙げている。回答は、6件法を想定している。実際のビリーフ調査では、26の下位観点ごとに2項目、合計52項目を設定すべきと考える。

　調査の観点ごとに自由記述の記述式質問項目を設定する。観点の設定に当たっては日本の社会科教育学研究、スイスドイツ語圏の歴史教授学研究の成果を踏まえたが、歴史教師はこの想定以外のビリーフを有している可能性があり、それを捕捉するために、自由記述の質問項目は不可欠である。

　表5-1に基づいて質問紙調査をすれば、歴史理論的ビリーフと歴史教授学的ビリーフの両面から歴史教師の教育的営みの全領域、理論的に想定される全観点、理論的想定とは異なるビリーフの可能性まで調査対象とすることで、歴史教師のビリーフの属性を把握することができる。

4．歴史教師のビリーフ調査の研究方法の考察

　本節では、第3節までの検討を踏まえ、質問項目に基づいて、歴史教師のビリーフの一定の属性を把握するための研究方法を考察する。

　表5-1に基づいた選択式質問項目と記述式質問項目により明らかになると想定されることは以下の5点である。

　第1は、歴史理論的ビリーフと歴史教授学的ビリーフの傾向性である。前者では実証主義の立場、懐疑主義の立場、語り的構成主義のどの立場をとる歴史教師が多いのかが把握できる。歴史教師の経験年数の記載により、経験年数との相関関係も解明できる。教育実習生と比較することで、実践経験が

ビリーフの変化に及ぼす影響についても考察することができる。後者では、伝達的な立場、個人的構成主義の立場、社会的構成主義の立場のどの立場をとる歴史教師が多いのかが捕捉できる。ここでも経験年数との相関関係を解明できる。この傾向性の把握は、スイスドイツ語圏の調査でも実施されている。

　第2は、歴史理論的ビリーフと歴史教授学的ビリーフそれぞれの観点間、および、両ビリーフ間の相関関係である。各ビリーフの立場間に相関関係がみられるかどうかの分析である。さらに、歴史理論的ビリーフの実証主義の立場と歴史教授学的ビリーフの伝達的な立場、語り的構成主義の立場と社会的構成主義の立場は理論上では相関関係が想定されるが、実際にその有無を確かめることができる。これらの相関関係は、スイスドイツ語圏の調査でも実際に検討されている。

　第3は、授業理論や授業実践といった領域内の相関関係である。授業理論に位置する教授観、学習観、教師の役割、歴史観は、スイスドイツ語圏の研究成果を踏まえたものである。教授観において伝達的な立場を採る歴史教師は、学習観、教師の役割でも伝達的な立場を、歴史観では実証主義の立場を選択するといった領域内の各観点の相関性が予見される。授業実践の学習内容と学習方法もスイスドイツ語圏の研究成果に依拠している。学習内容において実証主義の立場をとる歴史教師は学習方法では伝達的な立場を、語り的構成主義の立場をとる歴史教師は学習方法では社会的構成主義の立場を取るという相関性が予見される。ここには領域における各ビリーフ内の相関関係と、各ビリーフ間の相関関係がみられることが予測でき、歴史教師はこれらの観点において一貫して一定の立場をとっているのかどうかが検証できる。なお、授業理論などの領域設定は、日本の教科教育学・社会科教育学の成果を踏まえているため、スイスドイツ語圏では実施されていない。

　第4は、領域間での相関関係である。授業理論の歴史授業の目標と授業モデルの歴史授業像は日本の研究成果に基づく。歴史授業の目標の社会認識志

向の立場をとる歴史教師は説明主義の歴史授業に、市民的資質志向の立場を
とる歴史教師は意思決定型の歴史授業に同意することが予想される。授業理
論の教授観や学習観は、授業実践の学習内容や学習方法と相関し、伝達的な
立場をとる歴史教師は学習内容では実証主義の立場、学習方法でも伝達的な
立場をとると考えられる。授業理論の歴史観と授業実践の学習内容も相関す
るはずである。ここでは領域間での各ビリーフ内の相関関係とともに、各ビ
リーフ間の相関関係がみられるかどうかを調査によって検証する。領域間で
の相関関係は、領域内と同様に、スイスドイツ語圏のビリーフ調査では検討
されていない。

　第5が、選択式質問項目と記述式質問項目との対応関係である。歴史教師
が同意を示した下位観点とその記述内容を比較することで、下位観点と記述
が対応しているかどうか、異なる立場を示しているかどうかを把握すること
ができる。例えば、授業理論の歴史授業の目標で社会認識志向の立場をとる
歴史教師が、記述において社会の仕組みといった科学的な社会認識の獲得を
歴史授業の目標としていれば、対応関係が認められる。しかし、記述におい
て歴史的思考の育成を歴史授業の目標としていれば、科学的な社会認識を獲
得させることが歴史的思考につながると考えていることが推測される。この
対応関係を検討することで、理論的に想定した枠組みを越えた歴史教師のビ
リーフの多様性が描き出される可能性がある。日本の研究成果に基づいて領
域と観点を設定することで、この可能性が生じているので、スイスドイツ語
圏のビリーフ調査では考慮することは不可能である。

　歴史教師のビリーフの属性を明らかにすることを目的とした本ビリーフ調
査では、教師がどのようなビリーフを有しているのかというビリーフの特徴
の解明だけでは不十分である。どのようなビリーフが歴史教師の教育的営み
のどのような領域に影響を及ぼし、どのような歴史授業がめざされているの
か、それがどのように授業理論に反映されているのかといったビリーフと教
育的営みとの関係性を明確にすることが必要である。場合によっては、例え

ば、授業理論の教授観と学習観で同じビリーフの立場をとっていない回答を
するなどビリーフの一貫した傾向性を持たない歴史教師がいることも考えら
れる。つまり、ビリーフが教育的営みにおいて重要な役割を果たしておらず、
別の要因が強い影響を及ぼしている可能性も推測できるかもしれない。ビリ
ーフが作用する度合いの相違もビリーフ調査では考慮する必要がある。さら
に、教育的営みの領域や調査の観点はあくまでも理論的に想定したものであ
り、実際の歴史教師が有するビリーフを捕捉していない可能性も否めない。
前述の通り、選択式質問項目に記述式質問項目を加えることで、理論的想定
とは異なるビリーフの属性の抽出も期待できる。ビリーフと教育的営みとの
関係性、ビリーフが教育的営みに及ぼす影響、理論的想定とは異なる歴史教
師が経験的に形成するビリーフといった多様な可能性を考慮することで、理
論的想定を越えた、歴史教師のビリーフの幅広い属性を明らかにすることが
できるのである。そのために、表5-1に基づいた歴史教師のビリーフ調査が
明らかにする5点は有効に機能すると考えられる。

　以上の考察から、歴史教師のビリーフ調査では、歴史理論的ビリーフと歴
史教授学的ビリーフからなる歴史教師のビリーフの傾向性、各ビリーフ内や
両ビリーフ間、歴史教師の教育的営みの領域内、領域間の相関関係、選択式
質問項目と記述式質問項目の対応関係を分析することで、歴史教師のビリー
フの属性を解明するという研究方法を提案する。

5．おわりに

　本章では、スイスドイツ語圏の歴史教師のビリーフ研究、日本の教科教育
学・社会科教育学研究の成果に基づいて、歴史教師のビリーフを捉える枠組
みを設定し、その枠組みから質問項目を開発することで、ビリーフの研究方
法を検討した。本章の考察から、歴史教師のビリーフの傾向性、各ビリーフ
内、ビリーフ間、領域内、領域間の相関関係、選択式質問項目と記述式質問

項目の対応関係を分析することで、歴史教師のビリーフを適切に類型化する研究方法の一つの可能性を提示した。

これまで日本の社会科教育学研究では、社会科教師のビリーフを調査する研究はほぼ皆無である。言語系教科でのビリーフ調査では第3章で示した通り、BALLI の教師バージョンといった研究者が設定する枠組み内で教師のビリーフを検討するものがほとんどである。しかし、実際には教師は自身の経験を蓄積する中で既成の理論の枠組みに限定されないビリーフを形成しているかもしれないので、この余地に迫ることがビリーフ研究には求められる。それは、教師のビリーフ研究は単に教師がどのようなビリーフを有しているのかを解明することが目的なのではなく、ビリーフを教師のプロフェッショナル・コンピテンシーの一構成要素として、他の構成要素との相関性までも考慮することが必要だからである。

実際、スイスドイツ語圏の研究は、ビリーフ／価値的態度、動機づけ、自己調整能力、専門職の知という構成要素からなる教師のプロフェッショナル・コンピテンシーというドイツの一般教授学研究の成果を援用し[21]、歴史教師のビリーフを教師のプロフェッショナル・コンピテンシーに位置づけて検討している。歴史教師のビリーフを教師のプロフェッショナル・コンピテンシーに位置づけて他の構成要素との相関性を検討するには、歴史教師のビリーフをできるだけ実態に即して把握し、類型化すること、さらに、ビリーフが強く影響を及ぼしているのかどうかといった歴史教師のビリーフの意識化の把握が必要である。本章で提示した歴史教師のビリーフの研究方法は、この必要性に合致した教師のプロフェッショナル・コンピテンシーの解明に有効な研究方法であると考える。

教師教育のプログラムやカリキュラムの開発を進める上で、教師のプロフェッショナル・コンピテンシーの確定は不可避であり、まずは歴史教師のビリーフを類型化することでビリーフという構成要素の内実を確定し、その相関関係の想定から他の構成要素を検討することも可能になるのではないかと

考える。それにより、他の構成要素も確定されることで、歴史教師のプロフェッショナル・コンピテンシーの内実が解明されると、その育成を確実にするスタンダードの作成も可能となり、教師教育改革が実質的に進展することとなる。歴史教師のビリーフ調査を教師のプロフェッショナル・コンピテンシーの観点から実施することは、教師教育の高度化の道を拓くことにつながるというのが本章の結論である。

【註】

（1）本書、pp. 43-65を参照。

（2）本書、pp. 51-54。

（3）本書、pp. 56-58。

（4）本書、pp. 59-60。

（5）Schraw, G., & Olafson, L. (2015). Assessing Teachers' Beliefs: Challenges and Solutions. In H. Fives & M. G. Gill (Eds.), *International Handbook of Research on Teachers' Beliefs*. Routledge, 90-91.

（6）Barcelos, A. M. F. (2003). Researching Beliefs About SLA: A Critical Review. In P. Kalaja & A. M. F. Barcelos (Eds.), *Beliefs about SLA: New Research Approaches*. Kluwer Academic Publishers, 25.

（7）Raths, J., & McAninch, A. C. (2003). *Teacher Beliefs and Classroom Performance: The Impact of Teacher Education*. Information Age Publishing, Chai, C. S. (2010). Teachers' Epistemic Beliefs and Their Pedagogical Beliefs: A Qualitative Case Study among Singaporean Teachers in the Context of ICT-Supported Reforms. *The Turkish Online Journal of Educational Technology, 9*(4), 128-139, Anderson, J. (2020). The Effective Teacher of English: An Exploratory Qualitative Study of Indian English Teachers' Beliefs. *English Language Teacher Education and Development, 23*, 10-20.

（8）Horwitz, E. K. (1985). Using Student Beliefs About Language Learning and Teaching in the Foreign Language Methods Course. *Foreign Language Annals, 18*(4), 333-340.

（9）河村茂雄、國分康孝「小学校における教師特有のビリーフについての調査研究」『カウンセリング研究』第29巻第1号、1996年、pp. 44-54を参照。

（10）本書、pp. 46-47。

（11）同上書、p. 47。

（12）同上書、p. 49。

（13）同上。

（14）兵庫教育大学大学院連合学校教育学研究科編著『教育実践学の構築―モデル論文の分析と理念型の提示を通して―』東京書籍、2006年、pp. 37-38。

（15）同上書、p. 37。

（16）同上書、pp. 37-38。

（17）同上書、p. 38。

（18）同上。

（19）同上書、p. 41。

（20）ファシリテーターとしての教師、アクティベーターとしての教師の役割については、ジョン・ハッティ、グレゴリー・イエーツ著、原田信之訳者代表『教育効果を可視化する学習科学』北大路書房、2020年、pp. 115-117を参照。

（21）Vgl. Baumert, Jürgen/ Kunter, Mareike: Stichwort: Professionelle Kompetenz von Lehrkräften. Zeitschrift für Erziehungswissenschaft, 9(4), 2006, S. 482.

第6章　教師の歴史固有のビリーフが
自国史の伝達に与える影響

1．教師しだいである

　自国史の伝達は国によって異なるだけでなく、同じ国でも学校によって、それどころかクラスによっても違う[1]。同じような生徒がいる同じ学校の同じ場所で全く同じ教材を使って同じテーマが教えられる時でさえ、根本的な相違を見て取ることができる。シェーア（Bernhard C. Schär）とシュペリーゼン（Vera Sperisen）は、2008と2010年にスイスドイツ語圏の20名の歴史教師に、歴史教材『見続けて、問い続ける―現在の問題に照らしたスイスとナチズム期―（Hinschauen und Nachfragen: Die Schweiz und die Zeit des National-sozialismus im Licht aktueller Fragen)』をどのように解釈し、評価し、授業で活用しているか調査した。さらに、この2名の研究者は、本教材を活用する6名の教師の授業を参観した。その際、彼等は、「教師は自身の考えに基づいて、教材の内容や教授学的構想を強固に形成したり、大幅に変更したりすることができる」[2]という結論に達した。この研究は、「授業行為に関する教師の職業習慣的な気質は、教材の構想よりもはるかに重要である」[3]ことを証明した。

　これに関して、彼等は授業を具体的に決定づける構造的な要素について表現する。この構造的な要素はプランゲ（Klaus Prange）に依拠して、「教授学の三角モデル」で図示、説明されることが多い。プランゲはその著書『授業デザイン（Bauformen des Unterrichts)』で、事例的な分析を用いて、「授業の基本的尺度」としての教授学の三角モデルを導き出し[4]、それ以降、歴史

106

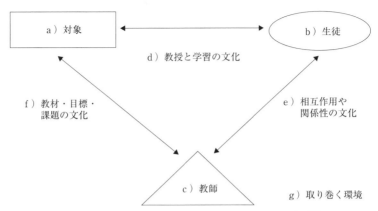

図 6-1　図式的で教科横断的な教授学の三角モデル[5]

授業でもしばしば用いられるようになった[6]。

　このモデル図は、一般的な授業や個別的な自国史の伝達は、7つの構成要素で形成されていることを明らかにする。決定的なのは、どのような学習対象a）がテーマとされるかである。その際、万物の歴史からどのような現象、出来事、人物を選び出し、授業に対してどのような見通しを持つのかが問われる。さらに、興味、動機、（既有）知識や能力を持つ生徒b）が授業中の出来事に重要な影響を及ぼす。これは、教授と学習の文化d）、相互作用や関係性の文化e）、取り巻く環境g）にも関わる[7]。

　また、教材・目標・課題の文化f）を実質的に形成する学校の歴史教科書が、歴史授業の中心的教材であり、自国史の伝達にとっても同様にそうであるかについて繰り返し議論されている[8]。もっとも、シェーアとシュペリーゼンによると、「職業的気質」を持つ教師c）が、少なくとも学校における自国史の伝達に対して大きな影響力を持つということである[9]。彼らは、ブルデュー（Pierre Bourdieu）のハビトゥス論に依拠して、職業的気質を「歴史に関する基本的な考え方」[10]、歴史授業の一般的目標、教授学的な主要概念、生徒の要求についての基本的な考え方とみなす[11]。彼らはそれによって、

ニュージーランドの教育学者ハッティ（John Hattie）が2003年に記述した「教師が変化をもたらす」を裏づける[12]。教師しだいである！

　その後、教師の行為を導く側面を描き出す研究が試みられる。近年のドイツ語圏では、バウメルト（Jürgen Baumert）とクンター（Mareike Kunter）のモデルが主流となっている[13]。バウメルトとクンターは、ブロメ（Rainer Bromme）[14]、ショーマン（Lee S. Shulman）[15]、フランツ・ヴァイネルト（Franz E. Weinert）[16]の研究に基づき、プロフェッショナル・コンピテンシーを重視し、COACTIV 研究の枠組みで「専門職の知、ビリーフ／価値的態度、動機づけ、自己調整能力」という 4 つの側面を明らかにする[17]。

　とりわけ、専門職の知は、その後の研究において細分化される。もっとも自国史の伝達については、教師のビリーフと価値的態度をより詳細に考察する必要がある[18]。これらは教室のプロセスに決定的な影響を及ぼし[19]、授業活動の主要因とみなされ[20]、それゆえ重要な研究分野である[21]。

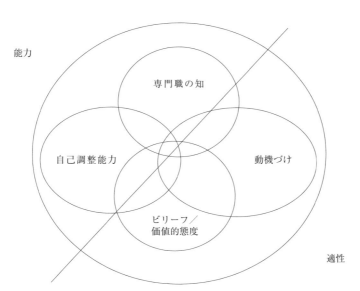

図 6-2　教師のプロフェッショナル・コンピテンシーのモデル[22]

　バウメルトとクンターは、「ビリーフ／価値的態度」を４つの下位領域に
区分する。それは、価値観の共有（価値への関与）、認識論的ビリーフ（世界
観）、教授と学習についての主体理論、カリキュラムと授業の体系的な目標
である[23]。以下では、認識論的ビリーフに焦点化して、歴史に特化したか
たちでこれらを明らかにする。

２．有力な見解としての歴史固有のビリーフ

　ビリーフという概念は、文献によって全く異なって提起されるため、教科
固有の文脈で定義するのは困難である。パハレス（M. Frank Pajares）はビリ
ーフに類似する概念をリスト化し、この概念がいかに多様であるのかを示し
ている[24]。そのリストに示されているのは、考え方、価値観、判断、自明
の理、見解、イデオロギー、認知、構想、概念体系、先入観、気質、暗黙理
論、明示的な理論、パーソナリティ理論、内的な心的過程、行為方略、実践
ルール、実践原則、展望、理解のレパートリー、社会的方略である[25]。さ
らに他の研究者たちも別の類似する概念を構築し、多様な表現によって必要
な差異化を図った[26]。
　ビリーフに関して共通理解できる定義がないにもかかわらず、４つの核心
的な側面に関してはコンセンサスが得られているようである[27]。スコット
（Jeppe Skott）[28]は、第１の核心的側面として、ビリーフは当事者によって主
観的に認知される個人的で心的な構成物であると述べる[29]。第２の核心的
側面は、ビリーフには認知的要素と情緒的要素の両方があるというものであ
る[30]。ゴルディン（Gerald A. Goldin）によると[31]、これらのビリーフは肯定
的にも否定的にも評価される。第３に、ビリーフは一般的に「時間的、文脈
的に安定している」[32]とみなされる。矛盾する証拠を前にしても、既存のビ
リーフを変えることはほぼできない[33]。ただし、教師が特に重要だと考え
る経験は例外である[34]。第４に、とりわけフランシス（Dionne Cross Francis）

が「一般に、ビリーフは教師の日々の教育上の判断に大きな影響を及ぼす」[35]と指摘するように、ビリーフには影響力がある[36]。同様に、ネイサン（Mitchell J. Nathan）とクヌース（Eric J. Knuth）も、教師のビリーフはその授業実践に影響を及ぼすと述べる[37]。

　これらの知見から、教師の「歴史固有のビリーフ」を、「歴史とは何か、何の役に立つのか」[38]についての個人的な表現や考え方を可能にする「比較的安定した判断力を伴う強力な見解」[39]とみなす。こうした教師の歴史固有のビリーフは、自国史の伝達に対して決定的な影響を及ぼすと推測される[40]。

3．発達段階としての歴史授業に関するビリーフか、または、立場としての歴史授業に関するビリーフか？

　教科固有のビリーフは質的、量的に研究できる。ハルトマン（Carina Hartmann）は、英語圏とドイツ語圏のビリーフ研究の2つの概要リストを作成する[41]。近年の多くの研究は、マッジョーニ（Liliana Maggioni）の研究に大きな影響を受けている[42]。

　マッジョーニは、2010年に博士論文『歴史授業における認識論的認知の研究―歴史を考えるための教授と学習の事例―』[43]を発表した。彼女が追究した目的は、中等段階の生徒とその教師が持つ歴史的思考の特徴や歴史固有の認識論的ビリーフを明らかにすることであった。

　この研究では、3名の教師とその生徒を対象として8つの研究課題に取り組む。

　マッジョーニはその博士論文の一環として、教師の認識論的態度を直接評価するために、「歴史に関するビリーフの質問紙（BHQ）」を作成した[44]。彼女は、以前の因子構造を出発点に[45]、質問紙を改良し、22項目とした。その区分は、1（全く同意しない）から6（強く同意する）までの6段階のリッ

カート尺度で行った。その際には、キング（Patricia M. King）とキッチナー（Karen Strohm Kitchener）[46]、そしてクーン（Deanna Kuhn）とワインストック（Michael Weinstock）の知見が[47]、彼女の研究の基盤となった。

マッジョーニは、認識論的な基本的態度を、「時間軸上のある時点で人間が有する知識の特性と正当化に関するビリーフ体系」と定義する[48]。

マッジョーニ、ヴァンスレッドライト（Bruce VanSledright）、アレクサンダー（Patricia Alexander）は既に先行研究において、ある一定の時期における異なる発達段階を明らかにする認識論的態度について述べている[49]。彼らは、歴史は過去の写しであるという特徴を持つ「模倣者の立場」[50]から出発する。「歴史には、理解すべきことは何もなく、事実がそれを物語っている」[51]。次の発達段階として彼らは、個人の態度と一致するように、歴史を選択して借用する「借用者の立場」[52]を挙げる。「優秀な生徒は、歴史は基本的に見解の問題であることを知っている」[53]。第3段階として、マッジョーニは、「基準者の立場」[54]を提案する。「歴史を学ぶ上で、史資料を比較し、筆者の根底にある言外の意味を探ることは不可欠な要素である」[55]。この発達段階の特徴は、過去に関するイメージを根拠づけて確認するために、複数の著者のテキストや資料を相互に批判的に比較することである[56]。

理論的に導き出された3つの認識論上の発達段階を基に、探索的な因子分析（主因子法、バリマックス回転）を活用した調査で2つの因子が浮かび上がった。第1因子が借用者／模倣者の尺度で、クロンバッハ α は0.78、第2因子は「基準者の尺度」で、クロンバッハ α が0.72に達した。理論的モデルに沿って、3因子解も検証したが[57]、負荷量に互換性がないために却下せざるをえなかった。

ニーチェ（Martin Nitsche）は、その博士論文『歴史教師のビリーフ：トライアンギュレーション研究』でさらに一歩踏み込んでいる。彼は、ビリーフの発達段階とは距離を置き、「立場」から迫る。彼の研究は6つの研究上の問いに基づき、質問紙を使って、初任教師と熟達教師の認識論的ビリーフと

教授・学習論的ビリーフを把握する。さらに、2名の熟達教師の質問紙回答と歴史授業との相関性と相違の質的調査を実施する[58]。これは、VisuHistプロジェクト（2013〜2016年に歴史教師や教育実習生の専門職の知についてビデオを活用して調査するチューリッヒ教育大学を中心とした研究プロジェクト：訳者註）の一環として行われる[59]。

　ビリーフを把握するために、彼は一方で「歴史における認識論的ビリーフの質問紙（EBQH）」と他方で「歴史における教授・学習論的ビリーフの質問紙（TLBQH）」を作成した[60]。EBQH は22の質問で構成される。これに関して彼は、マッジョーニの質問を翻訳、選択した上で活用し、それをパイロット的な独自の質問で補足する。TLBQH は18の質問項目からなる。その際に彼は、メスナー（Helmut Messner）とブッフ（Alex Buff）の質問項目[61]、シュリヒター（Natalia Schlichter）[62]の博士論文にある質問項目、彼自身のパイロット的な質問項目を活用する。

　彼の全ての構想は、「学習心理学的、教育学的、歴史教授学的文献」[63]と歴史理論的熟考に依拠する。

　彼はその研究をもとに、歴史理論的ビリーフとして、「実証主義、懐疑主義、語り的構成主義」[64]を挙げる。彼はこれを歴史教授学的ビリーフと区別し、それによって教科固有の教授・学習過程に関するビリーフを想定する。彼は歴史教授学的ビリーフを、「伝達的、個人的構成主義、社会的構成主義」の立場に区別する[65]。

　マッジョーニがその研究で発達段階を作り出したのに対し、ニーチェは立場の違いとみなす。これを歴史理論的に応用するために、彼はホーファー（Barbara K. Hofer）とピントリッチ（Paul R. Pintrich）[66]の教科固有の次元を採用する[67]。

　ニーチェはその研究で歴史理論的ビリーフと歴史教授学的ビリーフ間の量的な関連を見つけ出そうとした。興味深いことに、確証的因子分析を使っても、体系的に重なり合う構成的なつながりは見つからなかった。質的な深い

表 6-1　歴史理論的ビリーフのモデル[(68)]

領域、立場、次元	教育心理学		
	模倣者	借用者	基準者
	歴史理論		
	実証主義	懐疑主義	語り的構成主義
歴史概念	過去＝歴史	歴史＝現在	過去≠歴史
由来	資料で直接	個人的な資料理解	資料と描写に基づいた再構築
正当化	不要	見解の問題	論証的な根拠づけ
構造	模倣	個人的な語り	歴史的な語り
確からしさ	客観	不確か	間主観的に検証される視点
応用	法則に基づいてどのようであるのかを説明する	個人的な見解の形成	歴史的方向性

　研究により、2名の教師は質問紙の同じ表現を共有していないことが明らかになった。したがって、2名の教師のビリーフの構成は、彼らが質問紙調査で同意するという（とりわけ歴史理論的な）想定と一致しなかったと書いている[(69)]。ニーチェは、より多くの初任教師と熟達教師の調査を実施し、現在の調査手法を発展させることを提案する。

4．テーマに関連した教科固有のビリーフ

　しかしその一方で、教科固有のビリーフはテーマによって際立ったり、全く変わったりすることもありえるように思われる。これに関してニーチェは、「最終的に、ビリーフが具体的な歴史の内容に関する個人の考え方とどのように関連するのかは未解決の問題である［…］。人間は、歴史的思考をする際に、特定のトピックについて持っている価値観に基づいて、複数のビリー

フ間で切り替えを行っているかもしれない」と述べる[70]。この推測は、スイスドイツ語圏とフランス語圏における自国史の伝達に関する我々のパイロット研究でも確認された[71]。調査対象の教師は、国家史または地方史に関する授業の特殊性を繰り返し指摘する。教師がテーマ固有の目標設定を授業の中心に据えているのは明らかである。古代の高度文明の歴史授業を実施するのか、または、中世初期、産業化、第一次世界大戦、自国成立の歴史授業を実施するのかは、彼らにとって重要な違いがある。

　自国史の伝達の際に、このテーマに関連する 4 つの教科固有のビリーフを示唆する教師の発言に我々は何度も遭遇した。

　1．「現在と未来の師としての歴史」

　　　教師は自国史の伝達の際に、……と確信している。

　　　……歴史は私たちに未来のための方向性を提示する。

　　　……歴史は私たちの師である。

　　　……歴史は私たちが現在をより良く理解するのに役立つ。

　2．「学問としての歴史」

　　　教師は自国史の伝達の際に、……と確信している。

　　　……過去に関する一貫性のあるイメージを獲得するために、複数の史
　　　　　料を比較しなくてはならない。

　　　……資料は過去の一部しか反映していない。

　　　……歴史は常に特定の展望のもとで過去を解釈する。

　3．「語りとしての歴史」

　　　教師は自国史の伝達の際に、……と確信している。

　　　……歴史は私たちに以前がどのようであったのかを示す。

　　　……歴史は私たちに過去に関する知識を身につけさせてくれる。

　　　……私たちは歴史を理解するために、過去の事実を多く認識しなくて
　　　　　はならない。

　4．「アイデンティティをもたらすものとしての歴史」

　教師は自国史の伝達の際に、……と確信している。

　……歴史は私たちにどのような価値が重要であるのかを示してくれる。

　……歴史はどのような経緯で今の私たちに至ったのかを示してくれる。

　……歴史はアイデンティティを引き起こす。

　これらの表現から、自国史の伝達は何の役に立つのかについて、そのビリーフに違いがあることがよく分かる。これらのビリーフが授業に影響を及ぼすのかどうか、及ぼすとしたらどの程度なのかは証明されてはいないが、冒頭で述べたシェーアとシュペリーゼンの研究を考慮すれば、影響を及ぼす可能性は高いだろう。

　テーマに関連した教科固有のビリーフに関する研究がさらに必要であることに議論の余地はない[72]。まさに自国史を伝達する際の教師のビリーフについて質的に構想され、方法論を意識したインタビューを行い、そして、そのデータを授業観察と比較することが、有望なアプローチであるように思われる。ビリーフを量的にも研究するために、マッジョーニとニーチェのこれまでの研究成果を踏まえて、テーマに関連した教科固有の新しい質問紙を開発することも確かに期待されるであろう。変えるのは本当に教師であるのかどうか、もしそうであるならばどの程度なのか、または、とりわけ自国史の伝達の際には文化特有の特徴も大きな影響をもつのかどうかを明らかにするために、国際的に比較するのが最も良い。スイスドイツ語圏とフランス語圏の授業観察の比較は確かにその方向性を示している[73]。

【註】

（1） Vgl. Gautschi, Peter: Guter Geschichtsunterricht. Grundlagen, Erkenntnisse, Hinweise. Wochenschau Verlag 2011.

（2） Schär, Bernhard C. / Sperisen, Vera: Zum Eigensinn von Lehrpersonen im Umgang mit Lehrbüchern. Das Beispiel "Hinschauen und Nachfragen". In: Hodel, Jan/ Ziegler, Béatrice (Hrsg.): Forschungswerkstatt Geschichtsdidaktik 09. Beiträge zur Tagung "geschichtsdidaktik empirisch 09". hep verlag 2011, S. 133.

(3) Schär/ Sperisen: Zum Eigensinn von Lehrpersonen im Umgang mit Lehr-büchern, S. 125.

(4) Vgl. Prange, Klaus: Bauformen des Unterrichts. Eine Didaktik für Lehrer. Verlag Julius Klinkhardt 1986, S. 24-35.

(5) Gautschi: Geschichtsunterricht erforschen — eine aktuelle Notwendigkeit, S. 50.

(6) Vgl. Gautschi, Peter: Geschichtsunterricht erforschen — eine aktuelle Notwendigkeit. In: Gautschi, Peter/ Moser, Daniel V. / Reusser, Kurt/ Wiher, Pit (Hrsg.): Geschichts-unterricht heute. Eine empirische Analyse ausgewählter Aspekte. hep verlag 2007, S. 21-59. Vgl. Gautschi: Guter Geschichtsunterricht; Vgl. Gautschi, Peter/ Fuchs, Karin/ Utz, Hans: Geschichte kompetenzorientiert unterrichten. In: Fuchs, Karin/ Gautschi, Peter/ Utz, Hans (Hrsg.): Zeitreise 2. Begleitband, Klett und Balmer Verlag 2017, S. 14-32.

(7) Vgl. Gautschi: Geschichtsunterricht erforschen — eine aktuelle Notwendigkeit.

(8) Vgl. Schönemann, Bernd/ Thünemann, Holger: Schulbucharbeit, Das Geshichts-lehrbuch in der Unterrichtspraxis. Wochenschau Verlag 2010.

(9) Schär/ Sperisen: Zum Eigensinn von Lehrpersonen im Umgang mit Lehr-büchern, S. 127.

(10) Bourdieu, Pierre: Entwurf einer Theorie der Praxis auf der ethnologischen Grundlage der kabylischen Gesellschaft. Suhrkamp 1979, S. 165.

(11) Vgl. Schär/ Sperisen: Zum Eigensinn von Lehrpersonen im Umgang mit Lehr-büchern, S. 127.

(12) Hattie, J. (2003). *Teachers Make a Difference: What is the research evidence?* Paper presented at the Building Teacher Quality. Melbourne. In http://research. acer.edu.au/research_conference_2003/4/ (24. 06.2019).

(13) Vgl. Baumert, Jürgen/ Kunter, Mareike: Modell professioneller Kompetenzen. In: Korneck, Friederike/ Kohlenberger, Max/ Oettinghaus, Lars/ Kunter, Mareike/ Lamprecht, Jan (Hrsg.): Didaktik der Physik. Lehrerüberzeugungen und Unterrichts-handeln im Fach Physik. DPG-Frühjahrstagung 2013. In: http://www.phydid.de/ index.php/phydid-b/article/viewFile/472/612 (24. 06.2019).

(14) Vgl. Bromme, Rainer: Der Lehrer als Experte. Zur Psychologie des professionellen Lehrerwissens. Verlag Hans Huber 1992; Vgl. Bromme, Rainer: Kompetenzen, Funktionen und unterrichtliches Handeln des Lehrers. In: Weinert, Franz Emanuel (Hrsg.): Enzyklopädie der Psychologie. Psychologie des Unterrichts und der

Schule. Pädagogische Psychologie, Bd. 3. Hogrefe Verlag 1997, S. 177-212.

(15) Vgl. Shulman, L. S. (1986). Those Who Understand: Knowledge Growth in Teaching. *Educational Researcher, 15*(2), 4-14; Vgl. Shulman L. S. (1987). Knowledge and Teaching: Foundations of the New Reform. *Harvard Educational Review 57* (1), 1-22.

(16) Vgl. Weinert, Franz E. (2001). Concept of competence: A conceptual clarification. In D. S. Rychen & L. H. Salganik (Eds.), *Defining and selecting key competencies* (pp. 45-66). Hogrefe & Huber Publishers; Vgl. Weinert, Franz Emanuel: Vergleichende Leistungsmessung in Schulen — eine umstrittene Selbstverständlichkeit. In: Weinert, Franz Emanuel (Hrsg.): Leistungsmessungen in Schulen. Beltz 2001, S. 17-31.

(17) Baumert/ Kunter: Modell professioneller Kompetenzen, S. 1.

(18) Vgl. Schön, D. A. (1984). *The Reflective Practitioner: How Professionals Think in Action.* Basic Books.

(19) Vgl. Fives. H., & Buehl, Michelle M. (2012). Spring cleaning for the "messy" — construct of teachers' beliefs: What are they? Which have been examined? What can they tell us? In K. R. Harris, S. Graham, T. Urdan, S. Graham, J. M. Royer & M. Zeidner (Eds.), *APA Educational Psychology Handbook. Vol. 2. Individual differences and cultural and contextual factors.* (pp. 471-499). American Psychological Association; Vgl. Wilson, M., & Cooney, Thomas J. (2006). Mathematics Teacher Change and Developments. In G. Leder, E. Pehkonen & G. Törner (Eds.), *Beliefs: A Hidden Variable in Mathematics Education?* Springer, 127-147.

(20) Vgl. Schoenfeld, Alan H. (1992). Learning to think mathematically: problem solving, metacognition, and sense-making in mathematics. In A. D. Grouws (Ed.), *Handbook of Research on Mathematics Teaching and Learning* (pp. 334-370). Macmillan Library Reference; Vgl. Levin, Barbara B., He Ye, & Allen, M. Holyfield (2013). Teachers' Beliefs in Action: A Cross-Sectional, Longitudinal Follow-Up Study of Teachers' Personal Practical Theories. *The Teacher Educator, 48*(3), 201-217; Vgl. Clandinin, D. J. (1986). *Classroom Practice: Teacher Images in Action.* Falmer Press.

(21) 「教えるとは何かを理解するためには、教えるという職務を明らかにするビリーフを教師の視点から理解しなくてはならない」。Nespor, Jan K. (1985). *The Role of Beliefs in the Practice of Teaching: Final Report of the Teacher Beliefs Study.* National Inst. of Education (Ed.), 23. Vgl. Fives, H., & Buehl. M. M. (2012). Spring

cleaning for the "messy"construct of teachers' beliefs: What are they? Which have been examined? What can they tell us? も参照。

(22) Baumert/ Kunter: Modell professioneller Kompetenzen, S. 1.

(23) Baumert, Jürgen/ Kunter, Mareike: Stichwort: Professionelle Kompetenz von Lehrkräften. Zeitschrift für Erziehungswissenschaft, 9(4), 2006, S. 497.

(24) Vgl. Pajares, M. F. (1992). Teachers' Beliefs and Educational Research: Cleaning Up a Messy Construct. *Review of Educational Research, 62*(3), 307-332.

(25) Pajares, Teachers' Beliefs and Educational Research: Cleaning Up a Messy Construct, 309 より翻訳。

(26) Vgl. Abelson, Robert P. (1979). Differences Between Belief and Knowledge Systems. *Cognitive Science, 3*, 355-366; Vgl. Pajares, Teachers' Beliefs and Educational Research: Cleaning Up a Messy Construct; Vgl. Nespor, The Role of Beliefs in the Practice of Teaching: Final Report of the Teacher Beliefs Study; Vgl. Törner, G., Rolka, K., Rösken, B., & Sriraman B. (2010). Understanding a Teacher's Actions in the Classroom by Applying Schoenfeld's Theory Teaching-In-Context: Reflecting on Goals and Beliefs. In B. Sriraman & L. English (Eds.), *Theories of Mathematics Education: Seeking New Frontiers* (pp. 401-420). Springer.

(27) Vgl. Skott, J. (2015). The Promises, Problems, and Prospects of Research on Teachers' Beliefs. In H. Fives & M. G. Gregoire (Eds.), *International Handbook of Research on Teachers' Beliefs* (pp. 13-30). Routledge.

(28) Vgl. Skott, The Promises, Problems, and Prospects of Research on Teachers' Beliefs, 17-18.

(29) Vgl. Pajares, Teachers' Beliefs and Educational Research: Cleaning Up a Messy Construct; Vgl. Schoenfeld, Alan H. (1998). Toward a Theory of Teaching-in-Context. *Issues in Education, 4*(1), 1-94. In https://www.researchgate.net/publication/263418423_Toward_a_Theory_of_Teaching-in-Context (24.06.2019).

(30) Vgl. Nespor, The Role of Beliefs in the Practice of Teaching: Final Report of the Teacher Beliefs Study; Vgl. Pajares, Teachers' Beliefs and Educational Research: Cleaning Up a Messy Construct; Vgl. Abelson, Differences Between Belief and Knowledge Systems.

(31) Vgl. Goldin, Gerald A. (2006). Affect, Meta-Affect, and Mathematical Belief Structures. In G. Leder, E. Pehkonen & G. Törner (Eds.), *Beliefs: A Hidden Variable in Mathematics Education?* (pp. 59-72). Springer.

(32) Skott, The Promises, Problems, and Prospects of Research on Teachers' Beliefs, 18より翻訳。

(33) Vgl. Kagan, Dona M. (1992). Implication of Research on Teacher Belief. *Educational Psychologist, 27*, 65-90.

(34) Vgl. Liljedahl, P. (2010). Noticing rapid and profound mathematics teacher change. *Journal of Mathematics Teacher Education, 13*(5), 411-423. In https://www.researchgate.net/publication/226308251_Noticing_rapid_and_profound_mathematics_teacher_change (24.06.2019).

(35) Vgl. Cross, Dionne F. (2009). Alignment, cohesion, and change: Examining mathematics teachers' belief structures and their influence on instructional practices. *Journal of Mathematics Teacher Education, 12*(5), 325-346. In https://www.researchgate.net/publication/226538601_Alignment_cohesion_and_change_Examining_mathematics_teachers%27_belief_structures_and_their_influence_on_instructional_practices (24.06.2019); Vgl. Schoenfeld, Toward a Theory of Teaching-in-Context; Vgl. Törner, Rolka, Rösken, Sriraman, Understanding a Teacher's Actions in the Classroom by Applying Schoenfeld's Theory Teaching-In-Context: Reflecting on Goals and Beliefs; Nathan, Mitchell J., & Knuth, Eric J. (2003). A Study of Whole Classroom Mathematical Discourse and Teacher Change. *Cognition and Instruction, 21*(2), 175-207. In https://pdfs.semanticscholar.org/d518/5396eb6004e4372695b2b8b1bd33ba668408.pdf (24.06.2019).

(36) Cross, Dionne F. Alignment, cohesion, and change: Examining mathematics teachers' belief structures and their influence on instructional practices, 325より翻訳。

(37) Knuth, Nathan, A Study of Whole Classroom Mathematical, 201より翻訳。

(38) Gautschi, Peter: Was Public History am meisten beeinflusst. Public History Weekly, 23. Mai 2019. In https://public-history-weekly.degruyter.com/7-2019-19/historical-beliefs/ (24.06.2019).

(39) Gautschi: Was Public History am meisten beeinflusst.

(40) Vgl. Gautschi: Was Public History am meisten beeinflusst.

(41) Vgl. Hartmann, Carina: Lehrerprofessionalität im geschichtsbezogenen Sachunterricht. Fachdidaktisches Wissen, motivationale Orientierungen und Überzeugungen im Kontext der institutionellen Lehrerausbildung. Verlag Julius Klinkhardt 2019, S. 86-89.

(42) Vgl. Bernhard, Roland, 2. Reply, in: Public History Weekly, 12. Juni 2019. In https://public-history-weekly.degruyter.com/7-2019-19/historical-beliefs/ (24.06.2019).

(43) 「歴史授業における理解を調査する。歴史的思考の教授と学習における事例研究」。 Maggioni, L. (2010). Studying Epistemic Cognition in the History Classroom: Cases of Teaching and Learning to Think Historically. *Dissertation*, University of Maryland. In https://www.researchgate.net/publication/271429471_Studying_epistemic_cognition_in_the_history_classroom_Cases_of_teaching_and_learning_to_think_historically (24.06.2019) より翻訳。

(44) Vgl. Maggioni, Studying Epistemic Cognition in the History Classroom, 118.

(45) Maggioni, L., VanSledright, B., & Alexander, Patricia A. (2009). Walking on the Borders: A Measure of Epistemic Cognition in History. *The Journal of Experimental Education, 77*(3), 187-213 では、 Fragebogenerhebung "Beliefs about Learning and Teaching of History Questionnaire (質問紙調査「歴史の学習と教授に関するビリーフの質問紙」)", 略して BLTHQ を開発する。

(46) Vgl. King, Patricia M., & Kitchener, Karen S. (2004). Reflective Judgment: Theory and Research on the Development of Epistemic Assumptions Through Adulthood. *Educational Psychologist, 39*(1), 5-18, In https://www.researchgate.net/publication/247522681_Reflective_Judgment_Theory_and_Research_on_the_Development_of_Epistemic_Assumptions_Through_Adulthood (24.06.2019).

(47) Vgl. Kuhn, D., Cheney, R., & Weinstock, M. (2000). The development of epistemological understanding. *Cognitive Development, 15*, 309-328, in http://www.educationforthinking.org/sites/default/files/pdf/03-02DevelopmentOfEpistemology.pdf (24.06.2019).

(48) 「ある時点で人々が有する知識の特性と正当化に関するビリーフの体系」。 "Maggioni, Studying Epistemic Cognition in the History Classroom, 6より翻訳。

(49) Vgl. Maggioni, VanSledright, Alexander, Walking on the Borders: A Measure of Epistemic Cognition in History.

(50) Maggioni, Studying Epistemic Cognition in the History Classroom, 119.

(51) 「歴史には、理解すべきことは何もない。事実がそれを物語っている」。 Maggioni, Studying Epistemic Cognition in the History Classroom, 119より翻訳。

(52) Maggioni, Studying Epistemic Cognition in the History Classroom, 119.

(53) 「優秀な生徒は、歴史は基本的に見解の問題であることを知っている」。

Maggioni, Studying Epistemic Cognition in the History Classroom, 120 より翻訳。

(54) Maggioni, Studying Epistemic Cognition in the History Classroom, 121.

(55)「歴史を学ぶ上で、史資料を比較し、筆者の根底にある言外の意味を探ることは不可欠な要素である」。Maggioni, Studying Epistemic Cognition in the History Classroom, 120 より翻訳。

(56) Vgl. Maggioni, Studying Epistemic Cognition in the History Classroom.

(57) Vgl. Maggioni, Studying Epistemic Cognition in the History Classroom, 121.

(58) Vgl. Nitsche, Martin: Beliefs von Geschichtslehrpersonen — eine Triangulationsstudie, hep verlag 2019.

(59) Vgl. VisuHist — Ausprägung und Genese professioneller Kompetenzen bei Geschichtslehrpersonen. In: 執筆当時の URL https://irf.fhnw.ch/project-page?project_id=587 (2019.6.24) は現在不通。現在の URL は、https://irf.fhnw.ch/handle/11654/28626?

(60) Nitsche, Beliefs von Geschichtslehrpersonen — eine Triangulationsstudie, S. 18.

(61) Vgl. Messner, Helmut/ Buff, Alex: Lehrerwissen und Lehrerhandeln im Geschichtsunterricht — didaktische Überzeugungen und Unterrichtsgestaltung. In: Gautschi, Peter/ Moser, Daniel V. / Reusser, Kurt/ Wiher, Pit (Hrsg.): Geschichtsunterricht heute. Eine empirische Analyse ausgewählter Aspekte. hep verlag 2007, S. 143–175.

(62) Vgl. Schlichter, Natalia: Lehrerüberzeugungen zum Lehren und Lernen. Dissertation. Georg-August-Universität Göttingen 2012. In: 執筆当時の URL http://hdl.handle.net/11858/00-1735-0000-000D-F0A6-8 (24.06.2019) は現在不通。現在の URL は、https://d-nb.info/1042970270/34

(63) Nitsche: Beliefs von Geschichtslehrpersonen — eine Triangulationsstudie, S. 274.

(64) Nitsche: Beliefs von Geschichtslehrpersonen — eine Triangulationsstudie, S. 75.

(65) Nitsche: Beliefs von Geschichtslehrpersonen — eine Triangulationsstudie, S. 140.

(66) Vgl. Hofer, Barbara K., & Pintrich, Paul R. (1997). The Development of Epistemological Theories: Beliefs About Knowledge and Knowing and Their Relation to Learning. *Review of Educational Research, 67*(1), 88-140.

(67) Vgl. Nitsche, Martin: Geschichtstheoretische und -didaktische Überzeugungen von Lehrpersonen. In: Buchsteiner, Martin/ Nitsche, Martin (Hrsg.): Historisches Erzählen und Lernen. Historische, theoretische, empirische und pragmatische

Erkundungen. Springer 2016, S. 159-187, ここでは175を参照。

(68) Nitsche: Beliefs von Geschichtslehrpersonen — eine Triangulationsstudie, S. 127.（第3章でも表3-1で歴史理論的ビリーフが示されているが、表3-1 は Nitsche, Martin: Geschichtstheoretische und -didaktische Überzeugungen von Lehrpersonen, S. 174を訳出したものであり、その記述には若干の相違がある：訳者註）

(69) Nitsche: Beliefs von Geschichtslehrpersonen — eine Triangulationsstudie, S. 273.

(70) 「最終的に、ビリーフが具体的な歴史の内容に関する個人の考え方とどのように関連するのかは未解決の問題である ［...］。人間は、歴史的思考をする際に、特定のトピックについて持っている価値観に基づいて、複数のビリーフ間で切り替えを行っているかもしれない。」Nitsche, Martin, 1. Reply, in: Public History Weekly, 4. Juni 2019, in https://public-history-weekly.degruyter.com/7-2019-19/historical-beliefs/（24.06.2019）より翻訳。

(71) Fink, N., Furrer, M., & Gautschi, P.（Eds.）.（2020）. *The Teaching of the History of One's Own Country: International Experiences in a Comparative Perspective.* Wochenschau Verlag. に収録されている Fink, Nadine/ Peter Gautschi, Spécificités des leçons d'histoire de son propre pays. À la recherche de caractéristiques pertinentes pour une analyse interculturelle を参照。このパイロット研究では、スイスドイツ語圏とフランス語圏の前期中等段階の2つの授業がビデオ撮影され、2つの言語地域の2名の研究者によって高推測評価シート（生徒の発言回数といった観察・定量化できるデータに基づく評価シートではなく、教師の発言内容を評価するといった観察者の判断が強く作用する評価シートを意味する：訳者註）を活用してコード化、分類され、総括的評価は参加した教師とコミュニケーションを取りながら検証され、解釈された。

(72) Vgl. Bernhard, Roland sowie Nitsche, Martin, Replies, in: Public History Weekly, 4./12. Juni 2019. In https://public-history-weekly.degruyter.com/7-2019-19/historical-beliefs/（24.06.2019）.

(73) Vgl. Fink/ Gautschi, Spécificités des leçons d'histoire de son propre pays. À la recherche de caractéristiques pertinentes pour une analyse interculturelle. 注（71）も参照。

第2部　歴史教師のビリーフに関する実証的考察

　第7章の考察の前に、三か国のビリーフ調査に至るまでの動機と経緯について明らかにした上で、その動機と経緯から導かれた構想を論じる。

(1)　ビリーフ調査の動機と経緯

　歴史教師のビリーフ調査を主眼とする本研究の出発点は、「はじめに」で述べた通り、スイスのルツェルン教育大学のガウチ教授主催の国際研究プロジェクト「自国史の伝達における歴史教師の教科固有のビリーフ」に参加したことである。2018年8月にルツェルン教育大学で開催された国際ワークショップにおいて、日本のビリーフ調査の現状を説明し、歴史教師のビリーフを調査するための重要な5つの観点（未来志向、教授・学習理解、役割理解、認識論的ビリーフ、歴史教授学的原理・理論）を提案する発表を宇都宮と原田が行った。この発表後、日本で歴史教師のビリーフの国際比較に向けたパイロット研究を実施することが決まった。そこで、日本学術振興会の科学研究費補助金基盤研究（B）に応募し、研究課題「歴史教師のプロフェッショナルコンピテンシーを高めるビリーフ研究の再構築」が採択されたことで、歴史教師のビリーフの調査研究を実施する条件が整った。

　2019年にはカナダのシャーブルック大学を訪問し、同じくガウチ教授の研究プロジェクトに参加する歴史教授学を専門とするモイザン（Sabrina Moisan）准教授と宇都宮が自国の歴史教師のビリーフに関する発表をした後、一般教授学の立場からビリーフ研究を実施するヌテブッセ（Jean Gabin Ntebutse）教授、科研研究分担者の二井と上杉と協議し、ビリーフの国際調査の意義と方向性に関して一定の了解をした上で、カナダもビリーフ調査のパイロット研究に加わることとなった。

　しかし、その後コロナ感染が世界的に拡大したことで、ガウチ教授やモイザン准教授と協議を継続することが困難になった。そこで、歴史教師のビリーフ調査の理論的基盤をさらに確実にするために、科研メンバーがそれぞれ自身の専門の立場から理論的考察を深めることとした。その研究成果が第1部の理論的考察にまとめられている。

　2021年よりガウチ教授との協議を再開し、年度内に歴史教師のビリーフ調査を実施することとなった。日本における調査は単に三か国の歴史教師が歴史をどのように捉え、どのようなビリーフを有しているのかを明らかにするだけでなく、歴史観やビリーフがどのように相違するのかを究明し、その歴史観やビリーフで想定される歴史教育の傾向性を国別に捉えることまでを視野に入れることとした。日本では歴史教師を対象にしたビリーフ調査の研究はほぼ皆無であり、調査の蓄積がないため、この研究が盛んなスイスドイツ語圏のガウチ教授の主導のもとで調査の構想や方法に関する検討を重ねていった。

　2021年4月から、ビリーフ調査の質問紙を作成するためのオンライン会議をガウチ教授と宇都宮と原田で実施した。この会議で、第6章のリートヴェック＆ガウチ論文に依拠し、歴史教師のビリーフの調査対象を認識論的ビリーフとし、「現在と未来の師としての歴史」、「学問としての歴史」、「語りとしての歴史」、「アイデンティティをもたらすものとしての歴史」という4つのカテゴリをビリーフの枠組みとして、予備的な質問紙を作成することになった。第6章の論文に記載されている4つのカテゴリごとに3つずつ設定された12の質問項目に、日本側で構想した質問項目を追加して予備的な質問紙を作成し、まずは5名の歴史教師と15名の島根大学教育学部社会科教育専攻の学生を対象に試行調査をすることにした。

　6月のオンライン会議では、予備的な質問紙での調査結果をもとに、4つのカテゴリからなるビリーフの枠組みが、質問紙を構成する理論的基盤として適切であるかどうかを検討した。ガウチ教授から、①人格形成・批判的思

考の発展・社会化・社会編成からなる歴史の機能、②歴史的知識の伝達・歴史的思考の発展・伝統の育成・現在や未来の行為可能性からなる歴史の機能という2つの異なる理論的基盤に基づいた新たな提案があり、いずれの枠組みを理論的基盤とすべきかを再検討することになった。さらに、ガウチ教授から記述式質問項目として、①生徒はなぜ歴史に取り組むべきなのか、②若者はなぜ歴史に取り組むべきなのか、③人間はなぜ歴史に取り組むべきなのか、④私たちはなぜ歴史に取り組むべきなのか、⑤歴史は私にとりなぜ重要なのかが提案され、どの質問を記述式質問項目とするのかが、検討内容として追加された。

　7月のオンライン会議ではガウチ教授の提案を検討した上で、質問紙の理論的基盤を、予備調査で採用した認識論的ビリーフの4つのカテゴリとすること、記述式質問項目は「私たちはなぜ歴史を学ぶべきなのか」にすることを決定した。質問紙の理論的基盤を認識論的ビリーフの4つのカテゴリとした理由は、認識論的ビリーフを調査対象とすることで、歴史教師が歴史をどのように捉えているかを明らかにすることができるため、各国の歴史教師のビリーフの解明とその相違から歴史教育の傾向性の把握を図る本研究の目的を達成するのに最も適切であると判断したからである。記述式質問項目については、認識論的ビリーフを調査対象とするならば、歴史の取り組み方を問う①〜④ではなく、歴史の意義を問う⑤「歴史は私にとりなぜ重要なのか」の質問項目が、歴史観と関わるため適切ではあるが、歴史教師の場合には、歴史自体の意義に関する問いよりも、歴史を学ぶ意義に関する問いの方が歴史観、認識論的ビリーフにより直接的に関連すると考え、「私たちはなぜ歴史を学ぶべきなのか」という質問項目を日本側から提案し、この項目を記述式質問項目とすることで一致した。さらに、選択式質問項目については再検討を重ねることとした。

　8月のオンライン会議では、最終的な質問項目を決定し、どのような統計分析を実施するのかについて協議した。

　9月のオンライン会議で30項目からなる質問紙を完成させ、日本とスイス、カナダ三か国において調査を実施することを決定した。

　この決定に基づき、9月以降、2022年2月末まで、各国で歴史教師に対する質問紙調査を実施した。日本は歴史教師171名と実習生150名、スイスは歴史教師163名、カナダは歴史教師76名の質問紙を回収した。日本での質問紙のWeb質問紙調査、日本とスイスとカナダの質問紙の集計・分析は専門の業者に依頼し、統計処理を行った。さらに詳細な統計処理に関しては、本科研の研究協力者である猫田英伸氏に全面的に協力していただいた。

　以上が本歴史教師のビリーフ調査の動機と経緯である。

⑵　ビリーフ調査の構想

　本研究は、歴史教師が歴史をどのように捉え、どのようなビリーフを有しているのかを明らかにすることで、歴史観やビリーフが三か国でどのように相違するのかを究明し、その歴史観やビリーフで想定される歴史教育の傾向性を国別に捉えることを意図している。動機と経緯で示した通り、本研究は歴史教師のビリーフの国際比較を主眼とするが、日本では歴史教師のビリーフに関する調査はほぼなされていないため、歴史教師のビリーフ研究という新しい歴史教育学研究の方向性を拓くことも重要な研究目的となっている。

　とりわけ、日本の研究の文脈としては、内容（コンテンツ）志向から資質・能力（コンピテンシー）志向への転換を図る教育の現状において、その転換を実質的に実現するのは学校教育現場の歴史教師であるので、授業実践に決定的な影響を及ぼすとされる歴史教師のビリーフがこの転換を可能とするものになっているかどうかが、転換の鍵となる。そのため、歴史教師のビリーフの観点から転換の実現可能性を検討することにも本研究の重要な意義が見出される。

　国際研究の文脈としては、本研究は、歴史教師のビリーフの国際的な相違から、日本とスイスとカナダの歴史教師のビリーフより想定される歴史教育

の傾向性を捉えることで、資質・能力志向への転換に向けた課題やその克服についてビリーフの観点から考察することとなる。

　以上から、本研究は、歴史教師のビリーフの三か国比較という国際研究にとどまらず、内容志向から資質・能力志向への転換という日本の研究上の課題にも寄与するものである。

第7章　歴史教師のビリーフの三か国比較研究

　歴史教師のビリーフの理論的考察を行った第1部に続き、第2部では、歴史教師のビリーフ調査の結果を考察する。第2部では、日本、スイス、カナダの三か国において実施した歴史教師のビリーフ調査の結果に基づいて論じる。日本の調査では、歴史教師に加え、教育実習生（以下、実習生と略す）を対象に含めた。教育実習生とは、中学校社会科、もしくは、高等学校地理歴史科・公民科教師をめざす大学学部学生である。

　第1節では、日本の歴史教師と実習生を対象に実施したビリーフ調査の結果を分析的に考察する。調査の研究方法を述べた上で、選択式質問項目の統計分析、記述式質問項目の分析を踏まえて、両者を比較しながら総括的に、日本の歴史教師がどのようなビリーフを有しているのかを検討する。

　第2節では、歴史教師のビリーフを日本、スイス、カナダの三か国で比較する。この三か国で歴史教師のビリーフにはどのような相違があるのかを検討し、日本とスイスとカナダの歴史教師のビリーフから想定される歴史教育の傾向性を捉えることで、日本の歴史教育における資質・能力志向への転換に向けた考察を行う。

１．日本における歴史教師のビリーフの現状

　本節では、日本における歴史教師と実習生が有するビリーフの現状を解明する。

(1) 研究方法

①研究課題

　日本の歴史教師と実習生のビリーフに関する研究は、内容志向から資質・能力志向への転換を図る日本において、歴史教師やこれから歴史教師をめざす実習生のビリーフの現状を究明し、ビリーフの観点から資質・能力志向への転換が可能であるかを考察することを目的とする。

　そこで、①歴史教師と実習生はどのようなビリーフを有しているのか、②歴史教師と実習生のビリーフは資質・能力志向への転換を可能にするビリーフになりえているのかを研究課題とする。

②調査の概要

ア．調査対象者

　調査対象は、全国の歴史教師171名（内、男性148名、女性23名）、実習生150名（内、男性41名、女性109名）である。歴史教師に関しては、欠損値がある人を除いた167名（内、男性145名、女性22名）を分析対象としている。歴史教師の内訳は、中学校教師が66名、高等学校教師が101名である。質問紙調査は専門の業者に依頼し、Web 質問紙で実施し、歴史教師137名分、実習生150名分を収集した。150名の質問紙の収集をめざしていたため、歴史教師に関しては、宇都宮が30名分の質問紙を質問紙用紙で追加収集した。歴史教師の年齢構成は、20〜30歳が18名、31〜40歳が37名、41〜50歳が28名、51〜65歳が84名となっている。

イ．質問紙調査の内容

　質問紙では、「ご案内：過去のことは役に立たないと考える人もいます。あなたは今の暮らしに満足しています。私たちの由来を知ることで有意義な生活ができると信じる人もいます。あなたはどう考えますか」というリード文の後、「私たちはなぜ歴史を学ぶべきなのでしょうか。あなたの考えを書

いてください」という記述式質問項目を設定した。選択式質問項目は30項目
からなり、各項目について「私は…と確信している」という確信の程度を、
「1．とてもそう思う。2．そう思う、3．どちらかと言えばそう思う、4．
どちらかと言えばそう思わない、5．そう思わない、6．全くそう思わな
い」からなる6件法で回答する形式とした。30項目は以下の通りである。

1　歴史は私たちが現在をより良く理解するのに役立つ

2　歴史は出来事の原因と結果を理解できるようにする

3　歴史とは、過去を現在の視点から作ったものである

4　歴史を通して国家の意識が形成される

5　歴史はどのような経緯で今の私たちに至ったのかを示してくれる

6　歴史はフェイクニュースを見分けるのに役立つ

7　資料は過去の一部しか反映していない

8　歴史は過去と現在と未来の意義ある関連を作り出すことができる

9　歴史の知識はすぐれた教養のために重要である

10　歴史は現在の社会がどのように成立したのかを説明する

11　時代証言は歴史の理解に役立つ

12　歴史を通して価値観が伝達される

13　歴史は私たちに未来のための方向性を提示する

14　歴史を通して国際社会の一員としての自覚が促される

15　過去に関する一貫性のあるイメージを獲得するために、複数の史資料
　　を比較しなくてはならない

16　歴史は私たちに以前がどのようであったのかを示す

17　私たちは歴史から教訓を見出すことができる

18　歴史は私たちにどのような価値が重要であるのかを示してくれる

19　歴史からの教訓は私たちが今日正しく行為するのに役立つ

20　歴史は私たちに過去に関する知識を身につけさせてくれる

21　歴史は常に特定の展望のもとで過去を解釈する

22　歴史はアイデンティティを引き起こす

23　歴史は現在の諸問題を考察するのに有意義である

24　歴史の事柄は歴史学の方法で探究されなくてはならない

25　歴史は私たちの師である

26　歴史を通して国家の一員としての自覚が促される

27　私たちが史資料を分析、検証して、表現する時に、歴史が成立する

28　私たちは歴史を理解するために、過去の事実を多く認識しなくてはな
　　らない

29　歴史に関わることは批判的思考を伸ばしてくれる

30　正しい歴史は存在しない

　これら30項目が、前述の４つのカテゴリのどのカテゴリに位置づくかを示
したのが表7-1である[1]。

表7-1　質問紙項目の位置づけ

カテゴリ	項目
現在と未来の師としての歴史	1、8、10、13、19、23、25
学問としての歴史	2、6、7、15、21、24、27、29、30
語りとしての歴史	3、9、11、16、17、20、28
アイデンティティをもたらすものとしての歴史	4、5、12、14、18、22、26

（宇都宮作成）

ウ．分析方法

　選択式質問項目に関しては、記述統計量を確認し、歴史教師と実習生の全
体的傾向、両者のそれぞれの傾向を把握する。次に、４つのカテゴリ別、歴

[1]　30項目を４つのカテゴリのいずれに位置づけるのかについては、宇都宮、原田、ガウチ教授
との協議の上で決定した。

史教師と実習生別に平均値と標準偏差[2]を算出してから、独立サンプルの t 検定（Welch の t 検定）[3]を実施する。

　記述式質問項目に関しては、各回答を4つのカテゴリで分類することで、歴史教師と実習生それぞれのビリーフの傾向性をカテゴリに基づいて把握する。

　選択式、記述式の両項目に関する以上の分析方法で、両者がどのようなビリーフを有しているのかを明らかにする。

(2)　分析と結果

　本項では、まず両者のビリーフを選択式質問項目のカテゴリごとに分析した。次にカテゴリ全体、最後に記述式質問項目を分析し、これらの分析結果に基づき、両者のビリーフを検討した。

①カテゴリごとでの分析と結果

ア．カテゴリ1「現在と未来の師としての歴史」

　歴史教師の平均値は2.18、実習生は2.00であり、実習生の方が「現在と未来の師としての歴史」観により同意していることが分かる。質問紙の6件法は、「1．とてもそう思う。2．そう思う、3．どちらかと言えばそう思う、4．どちらかと言えばそう思わない、5．そう思わない、6．全くそう思わない」であり、最も同意が高い方（1）から最も低い方（6）へと数値が高くなっている。そのため、平均値が低いほど同意が強いことを意味している。これは、以下の平均値に関する全ての表に該当する。標準偏差をみると、歴史教師が1.13、実習生が0.91であり、実習生の方が回答のばらつきが小さい

（2）　標準偏差とは、分散の平方根であり、観測データの平均値からのばらつきの度合いを表す指標である。
（3）　t 検定とは、2つの対象（ここでは、歴史教師と実習生）の平均値の差の検定である。歴史教師と実習生は異なる対象で対応関係がないので、独立したサンプルの t 検定（Welch の t 検定）によって、両者の平均値の差を検定している。

表7-2　カテゴリ1（7項目）への回答の平均値と標準偏差

	歴史教師　$n=167$	実習生　$n=150$
項目 1	1.91（1.07）	1.62（0.71）
項目 8	2.12（1.13）	2.01（0.88）
項目10	1.93（0.95）	1.95（0.89）
項目13	2.31（1.18）	2.13（0.98）
項目19	2.22（1.13）	2.03（0.88）
項目23	2.17（1.03）	2.06（0.96）
項目25	2.60（1.26）	2.19（0.93）
カテゴリ全体	2.18（1.13）	2.00（0.91）

（猫田作成）

ことが分かる。

　カテゴリ全体で見たときの両群（歴史教師と実習生）の項目平均値の差について t 検定を行ったところ、その差は統計的に有意であった（$t(292.16)=2.14, p^{(4)}=.03, d=0.24$）。これは観測された平均値の差は誤差では説明できないことを表している。しかし、検定に用いているデータのサンプル数が大きくなると微小な平均値の差であっても有意な差として過敏に検出してしまう傾向がある。そのため、ここではサンプル数からの影響を受けず、実質的な平均値の差の大きさを評価するために用いられる効果量（d）という指標に着目する。効果量（d）は両群の平均値の差が、両群全体の標準偏差を1としたときにどの程度の割合で離れているかを表す値であり、一般的に0.20以上で「効果量小」、0.50以上で「効果量中」、0.80以上で「効果量大」と解釈される。t 検定の結果を見ると、カテゴリ1では効果量（d）は0.24という数値であり、効果量小となっている。

---

[4]　p 値とは、観測された検定統計量が「その」値になる確率であり、ここでは、得られた平均値の差が有意であるかを判定する基準である。一般的には0.05を有意水準として、p 値が0.05未満の時に統計的に有意差があるとされる。

　以上のことから、カテゴリ1については、歴史教師よりも実習生の方が「現在と未来の師としての歴史」という歴史観に若干強く同意していると解釈できる。また、項目を個別に確認すると歴史教師と実習生ともに項目1、10に対する同意が高く、現在を理解するための歴史という歴史を理解の道具としてその有用性に同意する傾向がみられる。

イ．カテゴリ2「学問としての歴史」
　歴史教師の平均値は2.60、実習生は2.19であった。歴史教師はこの「学問としての歴史」観に同意する傾向が弱いのに対し、実習生は比較的強く同意していることが分かる。また、標準偏差をみると、歴史教師が1.20、実習生が0.94であり、カテゴリ1よりも歴史教師の回答のばらつきが若干大きくなっていることから、歴史教師の一部が特定の項目（項目6、21、24、30など）に対して強く反対している様子がうかがえる。項目6への不同意から歴史授業でのメディアリテラシーの育成を重視しない、項目24への不同意から歴史

表7-3　カテゴリ2（9項目）への回答の平均値と標準偏差

	歴史教師　n＝167	実習生　n＝150
項目2	2.00 (1.04)	1.85 (0.78)
項目6	2.90 (1.28)	2.40 (1.09)
項目7	2.40 (1.11)	2.28 (1.02)
項目15	2.19 (1.06)	2.04 (0.90)
項目21	2.91 (1.29)	2.10 (0.82)
項目24	2.98 (1.31)	2.25 (0.93)
項目27	2.57 (1.20)	2.13 (0.89)
項目29	2.40 (1.16)	2.23 (0.98)
項目30	3.05 (1.39)	2.40 (1.06)
カテゴリ全体	2.60 (1.20)	2.19 (0.94)

（猫田作成）

授業の方法と歴史学の方法をはっきりと区別している、項目21、30への不同意から、歴史は時代、捉える視点により多様な解釈の可能性があるという歴史の解釈性を否定し、歴史を事実として捉える傾向性を持つ歴史教師が存在することが読み取れる。

カテゴリ1と同様にt検定を行ったところ、カテゴリ2全体で見たときの項目平均値の差は有意であり、効果量中が認められた（$t(299.92) = 5.35, p < .01, d = .59$）。この結果から、「学問としての歴史」観については実習生の方が歴史教師よりもかなり強く同意していることが統計的に明らかになった。

ウ．カテゴリ3「語りとしての歴史」

歴史教師の平均値は2.24、実習生は1.97であり、カテゴリ2に続いて実習生の方がより強く同意している。標準偏差をみると、歴史教師が1.09であるのに対して、実習生が0.85となっており、両群ともカテゴリ1とほぼ同じ程度の回答のばらつきとなっている。

t検定の結果を見るとカテゴリ全体の平均値の差は有意であり、効果量小

表7-4　カテゴリ3（7項目）への回答の平均値と標準偏差

	歴史教師　$n = 167$	実習生　$n = 150$
項目3	2.78（1.39）	2.01（0.90）
項目9	2.20（1.13）	1.90（0.82）
項目11	2.34（1.00）	2.05（0.87）
項目16	2.11（0.98）	1.93（0.82）
項目17	1.99（1.04）	1.92（0.84）
項目20	2.01（1.03）	1.97（0.85）
項目28	2.28（1.07）	2.02（0.84）
カテゴリ全体	2.24（1.09）	1.97（0.85）

（猫田作成）

が認められた（$t(295.04) = 3.42$, $p < .01$, $d = .38$）。このことから、カテゴリ 3 の「語りとしての歴史」観についても、実習生が歴史教師よりも若干強く同意しているといえる。なお、歴史教師では、項目 3 への同意が最も低く、「過去の痕跡を手がかりとしつつ、それら痕跡のあいだの意味連関を言語を媒体として表現する物語り行為だと考える」[5]歴史の構築性を否定する傾向が読み取れる。言語論的転回以後の歴史学の動向が歴史教師に反映されていないことが窺える。

エ．カテゴリ 4 「アイデンティティをもたらすものとしての歴史」

　歴史教師の平均値は2.50、実習生は2.07であり、標準偏差は、歴史教師が1.11、実習生が0.85であった。歴史教師は、カテゴリ 2 の「学問としての歴史」観に次いで、「アイデンティティをもたらすものとしての歴史」観に同意する傾向も弱いようである。

表7-5　カテゴリ 4 （7 項目）への回答の平均値と標準偏差

	歴史教師　$n = 167$	実習生　$n = 150$
項目 4	2.59 (1.15)	2.17 (0.90)
項目 5	2.02 (0.94)	1.77 (0.65)
項目12	2.43 (0.98)	2.11 (0.88)
項目14	2.54 (1.14)	2.09 (0.87)
項目18	2.41 (1.13)	2.01 (0.82)
項目22	2.73 (1.13)	2.10 (0.92)
項目26	2.78 (1.27)	2.24 (0.92)
カテゴリ全体	2.50 (1.11)	2.07 (0.85)

（猫田作成）

(5)　上村忠男・大貫隆・月本昭男・二宮宏之・山本ひろ子編『歴史を問う　4　歴史はいかに書かれるか』岩波書店、2004年、p.33。

138

カテゴリ全体の平均値についての t 検定を行った結果を見ると、両群の差は有意であった（t (291.49) = 5.22, p < .01, d = .58）。以上のことから、実習生の方が歴史教師よりも「アイデンティティをもたらすものとしての歴史」観にかなり強く同意していることが分かる。また、歴史教師は項目22、26への同意が大幅に低く、歴史を通してアイデンティティを喚起したり、国家の一員としての自覚を促進したりすることに抵抗感を示していることが窺える。歴史教師からは、アイデンティティを形成する装置としての歴史の機能を否定的に捉える傾向が読み取れる。

②カテゴリ全体での分析と結果

全体を概観すると、4つのカテゴリのすべてにおいて歴史教師よりも実習生の方がより同意を示す傾向があることが読み取れる。

カテゴリ1が歴史教師と実習生の間で最も差が小さく、現在と未来の師としての歴史という歴史観、つまり、現在と未来の羅針盤的な役割として歴史を捉える見方に対してほぼ同様の傾向を示しているといえる。そして、得られた平均値に着目するとカテゴリ4が両者間で最も差が大きく（6件法で

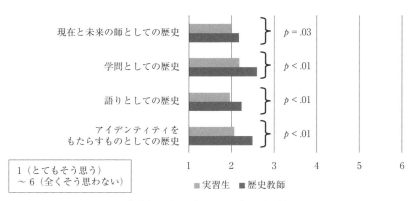

図7-1　歴史教師と実習生のカテゴリ別比較（猫田作成）

0.43ポイント)、実習生が歴史を、アイデンティティをもたらすものであると
より強く考えていることは興味深い。このことから、新聞、テレビ、Web
メディア、ソーシャルメディアなど歴史授業以外の要因が、実習生における
カテゴリ4の歴史観の形成に影響を及ぼしていることが推測される。さらに、
実習生は歴史教師ほどカテゴリごとでの同意の程度の差がみられない一方、
歴史教師の方は現在と未来の師としての歴史、語りとしての歴史が学問とし
ての歴史とアイデンティティをもたらすものとしての歴史よりも同意が高い
傾向がみられる。前述の各カテゴリの分析で検討した通り、歴史教師は歴史
授業の方法と歴史学の方法を区別し、歴史学の近年の動向を踏まえた歴史の
解釈性や構築性を否定し、歴史を事実として捉える傾向性を示している。各
カテゴリやカテゴリ全体の分析を踏まえると、歴史教師としての実践経験を
重ねる中で、歴史授業の内容や方法の科学的根拠を形成する歴史学から学ぶ
姿勢を失い、現在の理解や未来の方向性といった現在や未来との関連から歴
史を捉えるようになる歴史教師が多くなると推測される。

③記述式質問項目の分析と結果

　本質問紙では、「私たちはなぜ歴史を学ぶべきなのでしょうか」という記
述式質問項目を設定している。この問いに対する歴史教師と実習生の回答を
4つのカテゴリで分類する。自由記述であり、1名の回答に複数のカテゴリ
に関わる内容が含まれることもあるため、1名の回答が複数のカテゴリにカ
ウントされる場合もある。両者の記述式質問項目をカテゴリ別に分類したの
が表7-6である。

　記述式質問項目から両者の4つの特徴が読み取れる。第1に、カテゴリ1
「現在と未来の師としての歴史」に該当する記述が圧倒的に多いことである。
両者の回答にはいずれも、「過去から学ぶ」、「過去を知り、現在の社会に活
かす」、「温故知新」といった表現が多くみられ、現在にとっての有用性から
歴史を捉える回答が顕著に現れ、このカテゴリに対する高い同意が示されて

140

表7-6　記述式質問項目に対する歴史教師と実習生のカテゴリ別集計表

カテゴリ	歴史教師	実習生
1．現在と未来の師としての歴史	119	95
2．学問としての歴史	27	5
3．語りとしての歴史	7	22
4．アイデンティティをもたらすものとしての歴史	12	13

（宇都宮作成）

　いる。歴史からの教訓を得て現在に活かすという発想は、とりわけ政治史から導かれており、政治史を中心として歴史を捉えていることが読み取れる。本カテゴリへの高い同意は、選択式質問項目において両者がともにほぼ同様の傾向を示しているというカテゴリ全体での分析結果とも一致する。

　第2に、カテゴリ2「学問としての歴史」に関する記述は歴史教師の方が実習生より多いことである。記述式質問項目では、「歴史的思考力」、「なぜを考える力」、「批判的思考力や系統的に物事を捉える力、物事の因果関係を捉える力」といった記述に表れているように、歴史教師は、歴史的思考力や批判的思考力、事象や世界の見方や考え方の育成など歴史を学ぶ意義を具体的に描出している。歴史教師は自身の授業実践を展開する中で、学問としての歴史を、歴史を通して育成を図る資質・能力として具体化していることが窺える。一方、実習生は大学の学部での教科専門や教科教育に関する科目での学習で、歴史を学問として学んでいるため、選択式質問項目では同意する傾向が高いものの、記述式質問項目での回答では「新しいことを考える着眼点や発想」といった歴史的思考の端緒を示す表現にとどまっており、実習生にとり学問としての歴史は、まだ抽象的で具現化されていないものであると考えられる。選択式質問項目では実習生の方がカテゴリ2により同意する傾向がみられていたが、記述式質問項目ではカテゴリ2に関する記述は歴史教師の方が多くなっている。この結果は、歴史教師の一部が学問としての歴史に高い同意を示していることに起因すると考えられる。

　第 3 に、カテゴリ 3「語りとしての歴史」に該当する記述は、実習生の方が多いことである。ただし、実習生の回答は、解釈的・構成主義的な観点からの語りとしての歴史を意識したものではない。実習生はこの観点に関わる選択式質問項目「歴史とは、過去を現在の視点から作ったものである」よりも、教養としての歴史に関わる選択式質問項目「歴史の知識はすぐれた教養のために重要である」、「歴史は私たちに過去に関する知識を身につけさせてくれる」に対して高い同意を示している。実習生の記述式回答では、「過去を知ることでワクワクし、知らなかった知識が増える」、「知っておくのが常識」、「日本の過去の出来事を知る必要がある」といった歴史の事実を学ぶ面白さ、教養としての歴史の大切さに関する表現が多くみられ、歴史を事実と捉え、多くの知識を得る教養としての歴史を重視していることが読み取れる。歴史教師においても選択式質問項目「歴史とは、過去を現在の視点から作ったものである」への比較的高い不同意から、歴史の構築性を否定する傾向がみられ、歴史教師も実習生も歴史を事実として捉えていることが了解されよう。

　第 4 に、カテゴリ 4「アイデンティティをもたらすものとしての歴史」に関する記述は、歴史教師、実習生ともにほぼ同数となっていることである。選択式質問項目の分析では歴史教師よりも実習生の方がこのカテゴリに同意する傾向が高いものの、記述式質問項目では同数であることは、アイデンティティをもたらすものとしての歴史に同意を示す歴史教師が存在することが窺える。さらに、他のカテゴリと比べて回答数が多くはないが、両者はともに「伝統文化を語り継ぐ」、「日本人としてのアイデンティティを確立する」、「日本人としての誇りを持つ」といった明確な意思表示をしている。選択式質問項目における歴史教師の回答からは、アイデンティティの喚起や国家の一員としての自覚の促進といったアイデンティティの形成装置としての歴史の機能に対する不同意がみられるものの、記述式回答からは、この歴史観を肯定的に捉える歴史教師が存在することが分かった。

142

　以上の特徴をまとめると、記述式回答からは、①現在と未来の師としての歴史に対して強く支持する、②歴史的思考力や批判的思考力を育成する学問としての歴史という歴史観が歴史教師から読み取れる、③教養としての歴史に対する実習生の高い同意がみられる、④アイデンティティをもたらすものとしての歴史に関しては歴史教師と実習生ともに日本人としてのアイデンティティの喚起に一定の同意を示しているといったビリーフの傾向性が明らかとなる。これより、実習生は、例えば教科書に描かれた唯一の正しい歴史的事実をできるだけ多く獲得することで現在や未来の指針を得たり、日本人としての自覚を持ったりすることが歴史学習であると捉えていることが分かる。歴史教師に関しては、歴史的事実に基づいた、歴史と現在や未来との関連を重視する歴史教師が大多数であり、その上で、歴史学の内容や方法に基づいた歴史的思考の育成や、日本人としての自覚や日本への愛情の育成を重視するといった一方向に収斂することのできない複数の方向性がみられる。

　そして、歴史教師の回答では、4つのカテゴリに収まらない自己や他者の理解、人間としての生き方の考察といった記述がみられた。これらは歴史を学ぶことの意義として認識されたものといえる。実習生では、歴史をなぜ学ぶのかという問いに対し、学ぶため、大事だから、大人になるため、といった未成熟さの表れた回答が散見されており、歴史を学ぶ意義を考える経験が十分になされてこなかったことが推察される。

　選択式質問項目と記述式質問項目の分析結果を照らし合わせると、カテゴリ1からは、現在と未来の師としての歴史、とりわけ現在を理解するために歴史が有用であるという歴史観を有している歴史教師と実習生が圧倒的に多いことが分かった。依然として政治史中心で、社会史、文化史、心性史といった歴史学の学際的な発展が、歴史観の形成に影響を及ぼしていないことが窺える。

　カテゴリ2からは、実習生の方が歴史教師よりも同意が高い一方、学問としての歴史という歴史観は定着しておらず、歴史授業で育成すべき資質・能

力の具体化が不十分であることが読み取れる。歴史教師の場合は、カテゴリ2に対して同意と不同意にばらつきがある。同意する歴史教師は歴史学の研究方法に基づいた歴史的思考力などの資質・能力の育成を重視する一方、同意しない教師は歴史学の方法と歴史授業の方法を区別し、歴史の事実を教授する立場をとることが推測される。全体としては、歴史学の研究方法を反映した前者の立場をとる歴史教師は主流ではないと考えられる。

　カテゴリ3からは、実習生は多くの事実を学ぶ教養としての歴史への同意が高く、歴史教師は実習生ほど同意が高くないが、歴史の解釈性や構築性を否定する傾向がみられる。双方ともに歴史を事実として捉えていることが明らかになった。これより、とりわけ言語論的転回以後の歴史学の動向を踏まえた歴史授業がなされていないことが分かる。

　カテゴリ4からは、歴史教師全体としてはアイデンティティの喚起や国家の一員としての自覚の促進に対する不同意の傾向がみられるが、一部の歴史教師では日本人としてのアイデンティティの喚起に歴史を学ぶ意義を認めていることが読み取れる。実習生の方は、歴史はアイデンティティをもたらすものであるという歴史観を歴史教師よりも明確に有していることが判明した。これより、アイデンティティ形成装置としての歴史の捉え方が若い世代に広がっていることが窺える。

　これら回答結果の分析から明らかとなる歴史教師と実習生のビリーフの特徴は以下の4点にまとめることができる。

　第1は、両者はともに、政治史から導かれる現在や未来に指針を与える歴史の実用性を重視するビリーフを有している点である。第2は、両者はともに、歴史学の研究方法や研究動向を踏まえることなく、歴史を正しい事実として捉え、歴史的事実を教授・学習することに意義を見出すビリーフを持っていることである。第3は、歴史教師は学問としての歴史、アイデンティティをもたらすものとしての歴史に対して捉え方にばらつきがあり、多様なビリーフを形成していることである。第4は、実習生は学問としての歴史では

144

なく、アイデンティティをもたらすものとしての歴史に対して明確なビリーフを確立している点である。

　これら両者のビリーフの特徴は、これまでの政治史を中心とした伝統的な内容志向の歴史教育で育成されてきたものと考えられる。歴史学の研究方法に基づく探究を通した歴史の解釈や構築、政治史中心から脱却し、他分野との協働を通した学際的かつ全体史的に発展を遂げる歴史学の研究動向に目を向けることはなく、歴史的事実に関する情報に基づいて獲得した過去の教訓から現在や未来への指針を得るという内容志向の歴史教育より導かれたビリーフであるといえよう。実習生は数年前に高等学校を卒業したばかりであり、この分析結果は、近年の高等学校の歴史教育が未だに内容志向で実施されていることを証明している。

　2018年告示高等学校学習指導要領の第2章第2節地理歴史に記載されているように、資質・能力志向の歴史教育では、「知識及び技能」、「思考力、判断力、表現力等」、「学びに向かう力、人間性等」といった資質・能力を主体的、対話的で深い学びを通して育成することが求められている。この歴史教育では教養としてではなく、自身の問題関心に基づいて多様な史資料を活用して歴史を探究する学問としての歴史、構成主義的に歴史を構築することをめざす語りとしての歴史を重視するビリーフが不可欠である。

　しかし、歴史教師や実習生のビリーフの特徴は、内容志向が確固として維持されていることを明らかにしている。さらに、アイデンティティをもたらすものとしての歴史に同意する歴史教師が一定数みられ、実習生にはその傾向が顕著にみられる。これは歴史学の研究方法や研究動向を踏まえた歴史教育がなされてない証左といえる。両者のビリーフの特徴は資質・能力志向の歴史教育を実践するために有すべきビリーフとは隔たりがあり、資質・能力志向への転換は極めて難しい現状にあるというのが本節の結論である。

2．歴史教師のビリーフの三か国比較

　第2節では、日本とスイスとカナダ三か国を比較するための質問紙調査の
研究方法と、その方法に基づいて実施された質問紙調査の結果について論じ
る。

⑴　研究課題

　歴史教師のビリーフの国際比較に関する本調査は、三か国でどのような相
違があるのかを検討し、各国の歴史教師のビリーフから想定される歴史教育
の傾向性を捉えることで、ビリーフの観点から資質・能力志向への転換に向
けて考察することを目的とする。

　研究課題は、①三か国の歴史教師のビリーフはそれぞれどのような特徴を
有するのか、②三か国の歴史教師のビリーフの特徴から想定される歴史教育
は、それぞれ資質・能力志向になりえているのかである。

⑵　調査方法

①調査対象者

　日本の調査対象者は、前節⑴②アで既に論じた通りである。スイスの調査
対象者は、スイスドイツ語圏の歴史教師161名[6]（男性61名、女性100名）であ
る。質問紙調査は、ガウチ教授がWeb質問紙で実施した。歴史教師の年齢
構成は、20〜30歳が34名、31〜40歳が47名、41〜50歳が48名、51〜65歳が33
名、無回答1名の計163名となっている。このうち全項目に無回答であった

---

[6]　本章で使用したスイスの歴史教師のビリーフに関する質問紙調査データは、第8章 pp. 195〜
201で論じる質問紙調査と同じデータを使用している。第8章ではサンプル N = 161名を教師： n =
80名と実習生： n = 81名に区分している。日本の歴史教師と実習生の区分とは異なり、スイスでは
実習生の年齢層は幅広く、実習期間も長いため、第8章のガウチ教授とブッフ教授による分析でも
歴史教師と実習生を区別することなく、161名全体で分析している。そのため、本章でも、両者を
区分せず、歴史教師161名として分析している。

２名を分析対象から除外した。カナダの調査対象者は、カナダフランス語圏（ケベック州）[7]の歴史教師76名（男性34名、女性41名、無回答１名）である。質問紙調査は、モイザン准教授が Web 質問紙で実施した。歴史教師の年齢構成は、20～30歳が18名、31～40歳が22名、41～50歳が23名、51～65歳が９名、無回答４名となっている。なお、スイス、カナダの歴史教師の回答データには部分的な欠損（無回答）が含まれていたため、それらについては分母と分子の両方から除外した。

②質問紙の内容

三か国の国際比較であるので、調査で活用した質問紙は、前節(1)②イで説明した、日本の歴史教師で実施した質問紙と同一の各国語版である。

③分析方法

選択式質問項目に関しては、国ごとに記述統計量を確認し、歴史教師の全体的傾向を把握した。次に、三か国の歴史教師の４つのカテゴリの質問項目に対する回答の平均値に対して繰り返しのある二元配置分散分析[8]を行った。

この分析方法で、三か国の歴史教師のビリーフがそれぞれどのような特徴を有するのかを明らかにする。

(3) 分析と結果

本項では、三か国の歴史教師のビリーフを選択式質問項目のカテゴリごとに検討する。以下が各国、各カテゴリの平均値と標準偏差をまとめたものと

---

[7] 本調査はカナダで唯一、フランス語話者が大多数を占める州で他州と異なる特徴を有するケベック州の歴史教師を対象としていることに留意する必要がある。
[8] 二元配置分散分析とは、２つの要因（ここでは、三か国と４カテゴリ）に関する平均の差の検定である。国間とカテゴリ間、そしてそれらの組み合わせの間で、平均値に統計的に有意な差があるかどうかを検定する。

分散分析表である。なお、表7-7と表7-2〜表7-5における日本の歴史教師の記述統計量を比べると、平均値は同じであるが標準偏差の値が異なっている。これは表7-2〜表7-5では「各教師のカテゴリ内の項目への回答の平均値」から算出した平均値と標準偏差の値を示しているのに対し、この表7-7は「全教師のカテゴリ内の項目への全回答」から算出した平均値と標準偏差

表7-7　三か国の歴史教師のカテゴリごとの回答：平均値（標準偏差）

	日本	スイス	カナダ	合計
カテゴリ1 現在と未来の師としての歴史	2.18 (0.89)	2.16 (0.71)	1.87 (0.58)	2.11 (0.78)
カテゴリ2 学問としての歴史	2.60 (0.80)	1.87 (0.63)	1.80 (0.46)	2.16 (0.77)
カテゴリ3 語りとしての歴史	2.24 (0.83)	2.03 (0.58)	1.74 (0.50)	2.06 (0.70)
カテゴリ4 アイデンティティを もたらすものとしての歴史	2.50 (0.87)	2.39 (0.76)	2.15 (0.79)	2.39 (0.82)
合計	2.38 (0.87)	2.11 (0.70)	1.89 (0.61)	2.18 (0.78)

（猫田作成）

表7-8　分散分析表（二要因：三か国×4カテゴリ）

	SS	df	MS	F	p	η^2
国	56.04	2	28.02	19.73	<.01	.06
誤差	569.58	401	1.42			
カテゴリ	24.07	2.63	9.15	31.53	<.01	.02
国×カテゴリ	25.31	5.26	4.81	16.58	<.01	.03
誤差	306.18	1055.33	0.29			
全体	981.18					

（猫田作成）

148

を示しているためである。

　国、カテゴリの両方の要因について主効果が有意であったことから、三か国間、カテゴリ間の平均値には差があるということが分かる。カテゴリ区分を無視して三か国の回答傾向を比較すると、全体的にカナダの歴史教師が質問項目に強く同意し（1.89）、続いてスイス（2.11）、そして日本が最も同意が弱い（2.38）。各国の平均値の差について多重比較（Bonferroni）[9]を行って確認したところ、三か国間の差はすべて統計的に有意（$p<0.1$）であった。また、逆に国の区分を無視して4カテゴリへの回答傾向を比較すると、全体的に「語りとしての歴史」観がもっとも強く同意され（2.06）、続いて「現在と未来の師としての歴史」観（2.11）と「学問としての歴史」観（2.16）が同程度の同意を得ており、もっとも同意されなかったのは「アイデンティティをもたらすものとしての歴史」観であった（2.39）。同様に、各カテゴリの平均値の差について多重比較（Bonferroni）を行って確認すると、カテゴリ4の「アイデンティティをもたらすものとしての歴史」観のみが他の3つのカテゴリに比べて統計的に有意（$p<.01$）に同意が弱いという結果であった。

　国とカテゴリの要因間に交互作用が認められたことから、三か国は各カテゴリの歴史観に対して異なる同意傾向を示していることが統計的に明らかにされた。そのため、以下では単純主効果の検定[10]を行い、各カテゴリの歴史観に対する三か国の同意の度合いについて比較する（多重比較にはBonferroniの方法を用いた）。

---

[9]　多重比較とは、3つ以上のグループのうち，グループ間において、どの群とどの群の間に有意な差があるのかを判断するための統計的手法である。多重比較の方法として、Bonferroniの方法を用いている。

[10]　単純主効果とは、2つの要因について、一方の要因の各水準における他方の要因の主効果である。ここでは、日本とスイスとカナダで各カテゴリの歴史観に対する同意がどのように異なるのかを比較している。

①カテゴリごとでの分析と結果

ア．カテゴリ1「現在と未来の師としての歴史」

　平均値は、日本が2.18、スイスが2.16、カナダが1.87であり、カナダが最も同意が高く、日本とスイスはほぼ同程度の同意となっている。単純主効果の検定の結果をみると、三か国の中でカナダが統計的に有意に「現在と未来の師としての歴史」観に同意していることが分かった。

表7-9　カテゴリ1の単純主効果の検定結果

	p	d	同意の度合いの差
日本（2.18）－スイス（2.16）	ns	0.03	差なし
日本（2.18）－カナダ（1.87）	.01	0.39	カナダのほうが若干強く同意
スイス（2.16）－カナダ（1.87）	.02	0.43	カナダのほうが若干強く同意

（猫田作成）

イ．カテゴリ2「学問としての歴史」

　平均値は、日本が2.60、スイスが1.87、カナダが1.80であり、日本が最も同意が低く、スイスとカナダはほぼ同程度の同意である。表7-10をみると、三か国の中でスイス、カナダ両国の歴史教師は、日本の歴史教師に比べて統計的に有意に「学問としての歴史」観に強く同意していることが分かる。

表7-10　カテゴリ2の単純主効果の検定結果

	p	d	同意の度合いの差
日本（2.60）－スイス（1.87）	＜.01	1.01	スイスのほうがとても強く同意
日本（2.60）－カナダ（1.80）	＜.01	1.13	カナダのほうがとても強く同意
スイス（1.87）－カナダ（1.80）	ns	0.14	差なし

（猫田作成）

ウ．カテゴリ3「語りとしての歴史」

　平均値は、日本が2.24、スイスが2.03、カナダが1.74であり、同意が強い

150

方からカナダ、スイス、日本となっている。しかし、日本とスイスの間の差は効果量でみるとそれほどの大きな差はなく（$d=0.30$）、特にカナダが「語りとしての歴史」観に強く同意していることが確認された。

表7-11　カテゴリ3の単純主効果の検定結果

	p	d	同意の度合いの差
日本（2.24）－スイス（2.03）	.02	0.30	スイスのほうが若干強く同意
日本（2.24）－カナダ（1.74）	<.01	0.68	カナダのほうがかなり強く同意
スイス（2.03）－カナダ（1.74）	.01	0.52	カナダのほうがかなり強く同意

（猫田作成）

エ．カテゴリ4「アイデンティティをもたらすものとしての歴史」

　平均値は、日本が2.50、スイスが2.39、カナダが2.15であり、日本が最も同意が低く、カナダが最も同意が高い。スイスについては日本、カナダのどちらとも統計的に有意な差が認められなかったことから、同意の度合いとしてはちょうど両国の中間に位置していると言える。「アイデンティティをもたらすものとしての歴史」観については、カナダは日本よりも強く同意していることが分かる。

表7-12　カテゴリ4の単純主効果の検定結果

	p	d	同意の度合いの差
日本（2.50）－スイス（2.39）	ns	0.14	差なし
日本（2.50）－カナダ（2.15）	.01	0.42	カナダのほうが若干強く同意
スイス（2.39）－カナダ（2.15）	ns	0.32	差なし

（猫田作成）

②カテゴリ全体での分析と結果

　カテゴリ全体を概観すると、平均値ではすべてのカテゴリにおいて日本が最も同意が低く、カナダが最も高い傾向を示している。検定の結果において

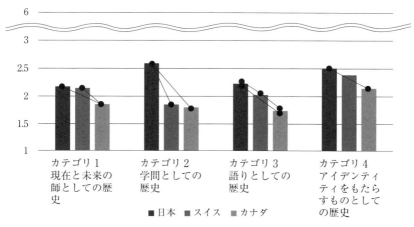

図 7-2　三か国のカテゴリ別比較（猫田作成）

　も、日本とカナダの間では全カテゴリで統計的に有意な差が認められた。とりわけ、カテゴリ2に関しては、日本とスイス、カナダと比較すると、大幅に同意が低い傾向が見て取れる。前節の考察で、日本はカテゴリ1と3に同意する傾向が高いことを論じたが、そのカテゴリ1、3においてもカナダやスイスと比較すると、同意の度合いは低くなっている。

　以上の分析から、三か国の歴史教師の各カテゴリに対する同意の度合いには統計的に有意な差があることが明らかになった。日本の歴史教師はカナダの歴史教師よりもすべてのカテゴリにおいて同意の程度が有意に低く、またスイスの歴史教師よりもカテゴリ2、カテゴリ3において同意の程度が有意に低かった。

　ここまで微視的に三か国の回答傾向を細かく比較検討してきた。続いては、三か国の歴史教師のビリーフの相対的な関係について捉えるため、コレスポンデンス分析[11]を行う。表7-13は三か国の歴史教師と日本の実習生の、各カテゴリに属する項目に対して「1．とてもそう思う」「2．そう思う」と

152

表7-13　各カテゴリの各項目に対して強く同意した人数（%の平均値）

| | カテゴリ | | | |
	カテゴリ1 現在と未来の師 としての歴史	カテゴリ2 学問としての 歴史	カテゴリ3 語りとしての 歴史	カテゴリ4 アイデンティティをもた らすものとしての歴史
日本	68%	52%	64%	55%
スイス	65%	75%	70%	57%
カナダ	75%	79%	81%	67%
日本実習生	76%	67%	77%	73%

（猫田作成）

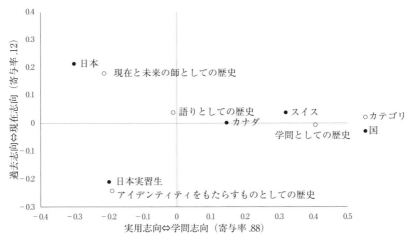

図7-3　カテゴリ別のコレスポンデンス分析（猫田作成）

強く同意した人数パーセンタイルの平均値をまとめたものである。表を概観

---

(11)　コレスポンデンス分析とは、クロス集計結果を散布図にして項目間の関係性を2次元のマップ上で可視化する分析手法である。各項目の近くに位置するもの同士に類似性があると解釈される。そのため、三か国がどのカテゴリに近接しているかを読み取ることで、各国とカテゴリとの相対的な関係を明らかにすることができる。

すると、日本は、「現在と未来の師としての歴史」観に対してスイスよりも若干同意が多い以外は全カテゴリにおいてカナダとスイスより同意が低く、カナダは全カテゴリにおいて、日本だけではなくスイスよりも同意が高くなっている。この表7-13の集計表に対してコレスポンデンス分析を行った結果が図7-3である。

　コレスポンデンス分析の結果をみると、イナーシャの寄与率は第一次元（「実用志向⇔学問志向」と命名）で.88、第二次元（「過去志向⇔現在志向」と命名）で.12であり、この二つの次元で99％を越える情報が集約されている。図を確認すると、各国の歴史教師とカテゴリとの関係性が読み取れる。日本の歴史教師は現在と未来の師としての歴史、スイスの歴史教師は学問としての歴史、カナダの歴史教師は語りとしての歴史に対して同意する傾向があることを示している。同図における日本の歴史教師の現在と未来の師としての歴史に対する強い傾向性および強い実用志向、現在志向は、前節の調査結果を裏づけるものである。さらに、日本の歴史教師はスイスとカナダの歴史教師と比較して、学問としての歴史に対して同意する傾向が最も低いことも読み取れる。

　カナダの歴史教師は、日本やスイスの歴史教師と比較して、相対的に全カテゴリに対して近接しており、高い同意がみられる中で、とりわけ語りとしての歴史に対して、スイスの歴史教師は学問としての歴史に対して同意を示す傾向がみられる。

　以上の検討から、日本の歴史教師は全カテゴリにおいてスイスとカナダの歴史教師と比較して同意が最も低く、「現在と未来の師としての歴史」観を特徴とするといえる。

　スイスの歴史教師は、現在と未来の師としての歴史、アイデンティティをもたらすものとしての歴史に関して日本と同意の強さにおいて有意差がないが、学問としての歴史に関しては明確に日本の歴史教師と相違し、「学問としての歴史」観が顕著な特徴となっている。

154

カナダの歴史教師は、全カテゴリにおいて日本の歴史教師とは統計的にも実質的にも有意な差があり、日本とスイスの歴史教師と比較して、全カテゴリに対して同意する傾向が高く、「語りとしての歴史」観が明確な特徴である。

本項では、各国の歴史教師の質問紙回答の統計分析から、各国の歴史教師のビリーフの特徴を考察した。

⑷　各国の歴史教師のビリーフの検討

前項において各国の歴史教師のビリーフの特徴を考察した。前項の考察では、コレスポンデンス分析を基に、各国の歴史教師が相対的に強く同意する傾向があるカテゴリに基づいてビリーフの特徴を捉えた。4つのカテゴリの枠組みの範囲内で捉えた特徴であるので、日本が全カテゴリで同意が低い理由、カナダが全カテゴリで同意が高い理由については、この分析結果から推察することはできない。4つのカテゴリはあくまでも調査に先行して設定された枠組みであり、実際の歴史教師のビリーフはこれ以外のカテゴリで捉えられる可能性がある。日本の同意の低さやカナダの同意の高さの裏側には、両国の歴史教師が4つのカテゴリとは異なるカテゴリで歴史を捉えていることに起因する可能性が否定できない。そこで、各国の歴史教師の質問紙調査のローデータを基に、国別に探索的因子分析(12)を行った。因子分析の結果に基づいて、各国の歴史教師のビリーフの特徴を別の角度から描き出してみたい。

①各国の因子分析結果の考察

因子分析では因子抽出法として最尤法を用い、斜交回転であるプロマックス回転を使用した。初期分析では抽出する因子数は指定せず、固有値1を基

---

(12)　探索的因子分析とは、観察されたデータ（変数間の相関関係）から、直接には観察できない潜在変数（因子）を見出す分析手法である。三か国の歴史教師の質問紙結果をそれぞれ因子分析し、三か国の歴史教師で異なる歴史観を抽出している。例えば、表7-14では4つの因子が抽出されていることが網掛け部から読み取ることができる。

準として抽出された因子に対する各項目の因子負荷量を確認し、すべての因子に対して.40未満の負荷量しか示さなかった項目を削除し、分析を繰り返す方法を取った。

ア．日本の歴史教師の因子分析結果

　日本の歴史教師の質問紙結果を因子分析すると、項目12を削除することで4つの因子が抽出できた。下の表7-14の項目の欄の表記「Q1_c1」はオリジナルのカテゴリ1に属していた1番の質問項目であることを意味している。一瞥するだけで、オリジナルのカテゴリが保存されている因子（第2因子≒カテゴリ4）とそうでない因子が混在していることが分かる。因子間相関は r

表7-14　日本の歴史教師の質問紙結果の因子分析

項目	1	2	3	4	項目	1	2	3	4
Q1_c1	.99	-.08	-.22	.08	Q26_c4	-.12	.88	-.01	.08
Q10_c1	.94	.00	-.19	.02	Q4_c4	.19	.80	-.23	.20
Q20_c3	.86	-.01	-.03	.02	Q22_c4	-.10	.75	.11	.18
Q2_c2	.86	-.23	.03	.12	Q14_c4	.06	.57	.29	-.11
Q16_c3	.79	.17	-.16	.00	Q18_c4	.24	.51	.13	-.21
Q23_c1	.78	.02	.05	-.01	Q24_c2	-.26	.03	.86	.13
Q5_c4	.77	.16	-.16	.09	Q27_c2	.04	.05	.61	.26
Q17_c3	.76	.07	.03	-.08	Q6_c2	.08	.03	.61	.08
Q11_c3	.71	-.10	.22	.03	Q28_c3	.35	-.08	.56	-.09
Q8_c1	.64	.13	.07	-.13	Q25_c1	.25	.13	.51	-.15
Q19_c1	.64	.21	.06	-.08	Q3_c3	.17	.02	.16	.66
Q15_c2	.63	-.07	.17	.06	Q30_c2	-.08	.08	-.06	.61
Q9_c3	.58	.17	.10	-.09	Q21_c2	-.02	.22	.21	.60
Q29_c2	.50	-.12	.34	.10					
Q13_c1	.49	.16	.25	-.14					
Q7_c2	.41	-.17	.16	.32					

（猫田作成）

156

＝.11〜.68であった。

第1因子の部分を取り出したものが以下の表7-15である。

表7-15 第1因子表（「現在や未来への指針としての歴史」観）

項目内容	因子負荷量
Q 1　歴史は私たちが現在をより良く理解するのに役立つ	.99
Q10　歴史は現在の社会がどのように成立したのかを説明する	.94
Q20　歴史は私たちに過去に関する知識を身につけさせてくれる	.86
Q 2　歴史は出来事の原因と結果を理解できるようにする	.86
Q16　歴史は私たちに以前がどのようであったのかを示す	.79
Q23　歴史は現在の諸問題を考察するのに有意義である	.78
Q 5　歴史はどのような経緯で今の私たちに至ったのかを示してくれる	.77
Q17　私たちは歴史から教訓を見出すことができる	.76
Q11　時代証言は歴史の理解に役立つ	.71
Q 8　歴史は過去と現在と未来の意義ある関連を作り出すことができる	.64
Q19　歴史からの教訓は私たちが今日正しく行為するのに役立つ	.64
Q15　過去に関する一貫性のあるイメージを獲得するために、複数の史資料を比較しなくてはならない	.63
Q 9　歴史の知識はすぐれた教養のために重要である	.58
Q29　歴史に関わることは批判的思考を伸ばしてくれる	.50
Q13　歴史は私たちに未来のための方向性を示してくれる	.49
Q 7　資料は過去の一部しか反映していない	.41

Note. Chronbach α＝.95　　　　　　　　　　　　　　　　　　（猫田作成）

　質問項目1、10、23、8、19、13は現在と未来の師としての歴史、質問項目2、15、29、7は学問としての歴史、質問項目20、16、17、11、9は語りとしての歴史、質問項目5はアイデンティティをもたらすものとしての歴史に分類される。カテゴリ4以外の3つのカテゴリの質問項目がほぼ均等に含まれていることから、第1因子は、当初想定した4つのカテゴリとは異なる概念であると考えられる。これらの質問項目を概観すると、現在に至る過程、

過去の出来事の原因や結果、出来事の因果関係や過去と現在と未来の関係性を捉え、そこから得た教訓を現在に活かし、未来の進むべき道を決定することに歴史を学ぶ意義を見出していることが読み取れる。この過程や原因や結果、因果関係や関係性を考察する際に、過去に関する多様な知識や時代証言を基にして批判的思考も働かせるべきであると考えるため、元カテゴリの現在と未来の師としての歴史を基盤としつつ、語りとしての歴史における教養としての過去の知識や、学問としての歴史における出来事の原因と結果、史資料を関連づけた過去のイメージの形成や批判的思考力の育成、アイデンティティをもたらすものとしての歴史における現在に至る経緯がこの因子に入っていると考えられる。以上のことから、第 1 因子を「現在や未来への指針としての歴史」観と名づけることとする。

第 2 因子が以下の表 7-16 である。

表 7-16　第 2 因子表（「アイデンティティをもたらすものとしての歴史」観）

項目内容	因子負荷量
Q26　歴史を通して国家の一員としての自覚が促される	.88
Q 4　歴史を通して国家の意識が形成される	.80
Q22　歴史はアイデンティティを引き起こす	.75
Q14　歴史を通して国際社会の一員としての自覚が促される	.57
Q18　歴史は私たちにどのような価値が重要であるのかを示してくれる	.51

Note. Chronbach $\alpha = .88$　　　　　　　　　　　　　　　　　（猫田作成）

これらの質問項目は全て、元カテゴリのアイデンティティをもたらすものとしての歴史に分類される項目であるため、第 2 因子は、そのまま「アイデンティティをもたらすものとしての歴史」観とみなすこととする。

第 3 因子が次頁の表 7-17 である。

質問項目24、27、 6 は学問としての歴史、28は語りとしての歴史、25は現在と未来の師としての歴史に分類される。歴史学の方法の重要性は認識され

158

表 7-17　第 3 因子表（「実用主義としての歴史」観）

項目内容	因子負荷量
Q24　歴史の事柄は歴史学の方法で探究されなくてはならない	.86
Q27　私たちが史資料を分析、検証して、表現する時に、歴史が成立する	.61
Q 6　歴史はフェイクニュースを見分けるのに役立つ	.61
Q28　私たちは歴史を理解するために、過去の事実を多く認識しなくてはならない	.56
Q25　歴史は私たちの師である	.51

Note. Chronbach α＝.85　　　　　　　　　　　　　　　　　　（猫田作成）

ているものの、それはあくまでも手段とされ、歴史的事実を認識したり、歴史から何かを学んだりする歴史の有用性に意義が置かれるため、語りとしての歴史や現在と未来の師としての歴史に関する質問項目が含まれていると考えられる。これより、第 3 因子を「実用主義としての歴史」観と命名する。

　第 4 因子が以下の表 7-18 である。

表 7-18　第 4 因子表（「解釈されたものとしての歴史」観）

項目内容	因子負荷量
Q 3　歴史とは、過去を現在の視点から作ったものである	.66
Q30　正しい歴史は存在しない	.61
Q21　歴史は常に特定の展望のもとで過去を解釈する	.60

Note. Chronbach α＝.74　　　　　　　　　　　　　　　　　　（猫田作成）

　質問項目 3 は語りとしての歴史、30、21は学問としての歴史に分類される。これらの質問項目に共通するのは、歴史は客観的に厳然たる事実として存在するものではなく、視点や展望に応じて異なって解釈されるものであるという歴史の捉え方である。これより、第 4 因子を「解釈されたものとしての歴史」観とする。

　以上、日本の歴史教師の質問紙結果について因子分析を行ったところ、現在や未来への指針としての歴史、アイデンティティをもたらすものとしての歴史、実用主義としての歴史、解釈されたものとしての歴史という4つの新たな歴史観を示す因子が抽出された。

イ．スイスの歴史教師の因子分析結果

　続いてスイスの歴史教師の質問紙結果について因子分析を行った。項目3と項目19を削除することで5つの因子が抽出された。しかし、第5因子については因子負荷量が.40以上の項目は1項目のみとなり、因子として解釈することは適切ではないと考えた。そのため、因子数を4に指定して再分析を行ったところ、すべての項目が特定の因子に.40以上の負荷量を示す結果が

表7-19　スイスの歴史教師の質問紙結果の因子分析

項目	1	2	3	4	項目	1	2	3	4
Q18_c4	.82	.03	− .04	.09	Q23_c1	− .04	.06	.86	− .19
Q26_c4	.80	− .11	− .07	− .07	Q1_c1	− .12	.06	.73	− .06
Q12_c4	.74	.04	.02	− .02	Q8_c1	− .05	− .05	.72	.08
Q22_c4	.73	.05	.03	− .16	Q10_c1	.15	− .02	.67	− .07
Q14_c4	.69	.03	.01	− .03	Q13_c1	.22	− .06	.62	.16
Q5_c4	.58	.05	.16	.08	Q25_c1	.17	− .10	.57	.15
Q15_c2	.05	.78	.09	.03	Q17_c3	.14	.02	− .07	.77
Q24_c2	.08	.70	− .03	.01	Q16_c3	− .11	− .17	.19	.70
Q2_c2	− .16	.66	.22	.05	Q20_c3	− .04	.15	− .06	.67
Q29_c2	− .11	.65	.17	.01	Q4_c4	.11	− .04	− .06	.64
Q6_c2	.07	.62	.04	− .05	Q28_c3	.03	.06	− .06	.60
Q27_c2	.07	.54	− .19	.16	Q11_c3	− .18	− .07	− .09	.57
Q7_c2	.02	.52	− .17	.06	Q9_c3	− .16	.13	.09	.55
Q21_c2	.10	.51	− .15	.00					
Q30_c2	− .07	.44	− .04	− .17					

Note. 第一因子から第四因子の Chronbach α＝.74, .83, .86, .83　　　　　　　　　（猫田作成）

得られた。表7-19をみると、オリジナルのカテゴリが保存されていること
は明らかである。因子間相関は $r = -.02 \sim .42$ であった。

　スイスの歴史教師の質問紙結果の因子分析から、スイスの歴史教師のビリ
ーフはほぼ想定した4つのカテゴリ通りであることが判明した。分析の結果、
元カテゴリから移動した項目はカテゴリ4の項目4「歴史を通して国家の意
識が形成される」のみであった。そもそも元カテゴリはガウチ教授からの提
案を受けて定めたものであった。スイスドイツ語圏では歴史教師のビリーフ
研究が盛んであり、既にスイスの歴史教師のビリーフは的確に把握されてい
るため、想定通りの因子が抽出されたものと考えられる。

ウ．カナダの歴史教師の因子分析結果

　カナダの歴史教師の質問紙結果の因子分析を行ったところ、因子負荷量
が.40未満の項目を削除しながら固有値1以上の安定した因子を抽出しよう
と試みたが、15項目以上の削除が必要になった。これには、カナダの歴史教
師の回答サンプル数が75名であり、日本の167名、スイスの163名と比べて半
分以下であったことも影響していると考えられる（本研究では項目数が30であ
るため、サンプル数は少なく見積もっても150名は必要）。そのため、初期分析の
段階のスクリープロット[13]を再度確認し、いわゆるスクリープロット基準
に従って4因子解が適切と判断し、因子数を4に指定して因子分析を行った。
その後、同様に因子負荷量が.40未満の項目を削除していったところ11項目
を削除したところで、良好な適合度指標のもとで以下の4因子が得られた
（ $\chi^2(101) = 120.46, p = .09$ ）。因子間相関は $r = .05 \sim .51$ であった。

　削除対象となった質問項目は、Q1_c1、Q23_c1、Q25_c1、Q2_c2、Q7_C2、
Q15_c2、Q21_c2、Q27_c2、Q30_c2、Q9_c3、Q12_c4であり、ほぼカテゴリ

---

[13]　スクリープロットとは、因子に対して、それに対応する固有値を降順でプロットしたグラフ
である。ここでは、スクリープロット基準に従って、カナダの歴史教師の因子数（歴史観）を4つ
決定している。

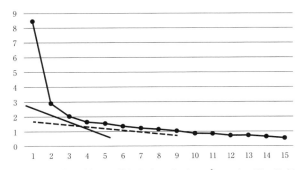

図7-4　初期分析から得られたスクリープロット（猫田作成）

表7-20　カナダの歴史教師の質問紙結果の因子分析

項目	1	2	3	4	項目	1	2	3	4
Q13_c1	.82	− .14	− .02	.17	Q20_c3	− .09	.74	.20	.04
Q4_c4	.78	− .23	.07	.00	Q28_c3	− .18	.72	.18	.07
Q26_c4	.75	− .08	.25	− .19	Q16_c3	.24	.50	− .04	.06
Q22_c4	.72	− .03	.16	− .10	Q10_c1	− .10	.16	.76	.09
Q18_c4	.70	.26	− .19	− .21	Q11_c3	.13	.11	.60	.09
Q19_c1	.62	.31	.06	− .17	Q5_c4	.38	.07	.42	.02
Q14_c4	.58	.11	− .10	.32	Q6_c2	.14	− .17	.16	.78
Q8_c1	.58	− .04	.14	.05	Q24_c2	− .12	.25	− .02	.49
Q3_c3	.46	.01	− .25	.19	Q29_c2	.01	.29	.09	.44
Q17_c3	.44	.37	− .20	.08					

（猫田作成）

1、2、とりわけ2に集中しており、カナダの歴史教師はカテゴリ2（学問としての歴史）の質問について共通の認識をもっていない、つまり、歴史教師によって捉え方が異なることを意味している可能性が考えられる。カテゴリ1（現在と未来の師としての歴史）についても若干同様のことが言えると考える。

　第1因子が構成した項目は以下の表7-21である。

表7-21　第1因子表（「アイデンティティと現在や未来への指針をもたらすものとしての歴史」観）

項目内容	因子負荷量
Q13　歴史は私たちに未来のための方向性を提示する	.82
Q 4　歴史を通して国家の意識が形成される	.78
Q26　歴史を通して国家の一員としての自覚が促される	.75
Q22　歴史はアイデンティティを引き起こす	.72
Q18　歴史は私たちにどのような価値が重要であるのかを示してくれる	.70
Q19　歴史からの教訓は私たちが今日正しく行為するのに役立つ	.62
Q14　歴史を通して国際社会の一員としての自覚が促される	.58
Q 8　歴史は過去と現在と未来の意義ある関連を作り出すことができる	.58
Q 3　歴史とは、過去を現在の視点から作ったものである	.46
Q17　私たちは歴史から教訓を見出すことができる	.44

Note. Chronbach $\alpha = .88$　　　　　　　　　　　　　　　　　　（猫田作成）

　質問項目4、26、22、18、14がアイデンティティをもたらすものとしての歴史、13、19、8が現在と未来の師としての歴史、質問項目3、17が語りとしての歴史に分類される。8、13、19、17は、過去と現在と未来の関係性から現在や未来への有益な示唆や指針を導き出すという歴史の有用性に関わる項目である。4、26、22、18、14はアイデンティティ形成に関わる項目である。これらの項目では、アイデンティティの喚起と現在や未来への指針という歴史の意義が密接に関連していると考えられる。これより、第1因子を「アイデンティティと現在や未来への指針をもたらすものとしての歴史」観とする。

　第2因子が次頁の表7-22である。

　質問項目はいずれも語りとしての歴史に分類されるが、元カテゴリの語りとしての歴史の範疇にある多くの質問項目が除外されており、この因子を語

表7-22　第2因子表（「歴史的事実としての歴史」観）

項目内容	因子負荷量
Q20　歴史は私たちに過去に関する知識を身につけさせてくれる	.74
Q28　私たちは歴史を理解するために、過去の事実を多く認識しなくてはならない	.72
Q16　歴史は私たちに以前がどのようであったのかを示す	.50

Note. Chronbach α＝.67　　　　　　　　　　　　　　　（猫田作成）

りとしての歴史とするのは適切ではない。これらの項目は、構成主義的に歴史を語るというよりも、過去がどのようであったのかを歴史的事実として認識することに関わる項目である。これより、第2因子を「歴史的事実としての歴史」観とする。

　第3因子が以下の表7-23である。

表7-23　第3因子表（「語りや描写としての歴史」観）

項目内容	因子負荷量
Q10　歴史は現在の社会がどのように成立したのかを説明する	.76
Q11　時代証言は歴史の理解に役立つ	.60
Q5　歴史はどのような経緯で今の私たちに至ったのかを示してくれる	.42

Note. Chronbach α＝.71　　　　　　　　　　　　　　　（猫田作成）

　質問項目10は現在と未来の師としての歴史、11は語りとしての歴史、5はアイデンティティをもたらすものとしての歴史に分類される。質問項目を概観すると、時代証言という証言者による歴史の語りや、現在に至る過程を説明する歴史描写を重視し、歴史を語ったり、描写したりすることに歴史を学ぶ意義を見出していることが読み取れる。これより、第3因子を「語りや描写としての歴史」観とする。

　第4因子が次頁の表7-24である。

　質問項目はいずれも学問としての歴史に分類されるが、元カテゴリの学問

164

表7-24　第4因子表（「批判的思考力をもたらすものとしての歴史」観）

項目内容	因子負荷量
Q 6　歴史はフェイクニュースを見分けるのに役立つ	.78
Q24　歴史の事柄は歴史学の方法で探究されなくてはならない	.49
Q29　歴史に関わることは批判的思考を伸ばしてくれる	.44

Note. Chronbach α＝.66　　　　　　　　　　　　　　　（猫田作成）

としての歴史の範疇にある多くの質問項目が除外されており、この因子を学問としての歴史とするのは適切ではない。これらの項目は、歴史学の方法に基づいて探究することでフェイクニュースを見極めるといった批判的思考力を育成することに歴史が有効に機能するとされていることが窺える。これより、第4因子を「批判的思考力をもたらすものとしての歴史」観とする。

　以上から、カナダの歴史教師では、アイデンティティと現在や未来への指針をもたらすものとしての歴史、歴史的事実としての歴史、語りや描写としての歴史、批判的思考力をもたらすものとしての歴史という4因子が抽出された。

②三か国全体の分析結果の考察

　ここでは、三か国それぞれの因子分析で明らかにした各国の歴史教師のビリーフの因子を活用したコレスポンデンス分析を通して三か国の歴史教師のビリーフの特徴を詳細に検討する。

ア．日本の歴史教師の因子に基づいた三か国のコレスポンデンス分析

　次頁の表7-25は三か国の歴史教師が、日本の歴史教師の回答から抽出された4因子カテゴリに属する項目に対して「1．とてもそう思う」「2．そう思う」と強く同意した人数パーセンタイルの平均値をまとめたものである。

表7-25　各カテゴリの各項目に対して強く同意した人数（％の平均値）

	日本因子カテゴリ			
	第1因子 現在や未来への指針としての歴史	第2因子 アイデンティティをもたらすものとしての歴史	第3因子 実用主義としての歴史	第4因子 解釈されたものとしての歴史
日本	69%	50%	49%	40%
スイス	75%	51%	58%	73%
カナダ	84%	60%	72%	64%

（猫田作成）

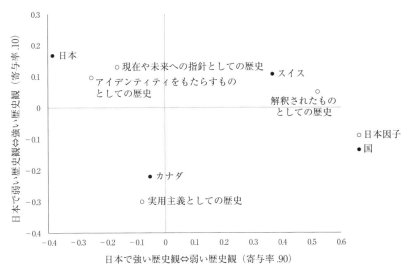

図7-5　日本の因子によるコレスポンデンス分析（猫田作成）

この集計表に対してコレスポンデンス分析を行った結果が図7-5である。

コレスポンデンス分析の結果をみると、イナーシャの寄与率は第一次元で.90、第二次元で.10であり、この二つの次元で99％を越える情報が集約されている。

　同図をみると、日本の歴史教師は現在や未来への指針としての歴史、アイデンティティをもたらすものとしての歴史に関して強く同意しており、実用主義としての歴史、解釈されたものとしての歴史の順に同意が低くなる傾向が読み取れる。スイスの歴史教師は、解釈されたものとしての歴史に同意する傾向が日本とカナダと比較してかなり高くなっている。カナダの歴史教師は、他の2つの国と比べると、実用主義としての歴史に対して相対的にかなり強い同意を示していることが読み取れる。

イ．スイスの歴史教師の因子に基づいた三か国のコレスポンデンス分析

　スイスの歴史教師の因子は、元カテゴリと一致する。元カテゴリでのコレスポンデンス分析の結果は、既に図7-3で示しているので、ここでは、日本やカナダの歴史教師の因子との比較のために、日本の実習生を除いた結果を示す。

　スイスの歴史教師の因子に基づいたコレスポンデンス分析の結果には、日本の歴史教師は現在と未来の師としての歴史、スイスの歴史教師は学問としての歴史、カナダの歴史教師はアイデンティティをもたらすものとしての歴史に対して、他の国よりも、また他のカテゴリよりも相対的に強く同意する傾向が表れている。なお、図7-6では「語りとしての歴史」観は日本とカナ

表7-26　各カテゴリの各項目に対して強く同意した人数（%の平均値）

	スイス因子カテゴリ			
	第1因子 アイデンティティをもたらすものとしての歴史	第2因子 学問としての歴史	第3因子 現在と未来の師としての歴史	第4因子 語りとしての歴史
日本	55%	52%	68%	65%
スイス	56%	75%	70%	69%
カナダ	69%	79%	80%	80%

（猫田作成）

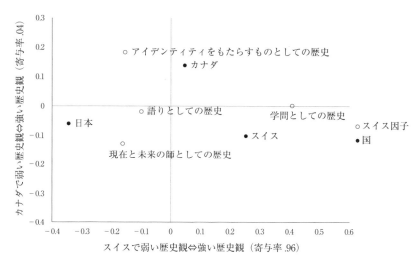

図 7-6　元カテゴリによるコレスポンデンス分析（実習生を除く）（猫田作成）

ダに対してほぼ等しい位置に付置されているが、これは日本の歴史教師が「現在と未来の師としての歴史」観に次いで「語りとしての歴史」観に強く同意していることから影響を受けているものであり、実際の同意の「強さ」はカナダとは大きく異なる（平均値では、日本2.24と1.74と6件法で0.5ポイント近く異なる）。コレスポンデンス分析における国、カテゴリの距離はあくまで、他の国、他のカテゴリと比較した際の相対的な同意傾向（特徴）を表すものであり、必ずしも絶対的に同意度が高いものが近くに付置されているわけではないことには十分に注意されたい。

ウ．カナダの歴史教師の因子に基づいた三か国のコレスポンデンス分析
　カナダの歴史教師の因子によるコレスポンデンス分析が、図 7-7 である。
　表 7-27や図 7-7 をみると、日本の歴史教師は歴史的事実としての歴史に対して同意が高い傾向を特徴として挙げることができる。スイスの歴史教師

表7-27　各カテゴリの各項目に対して強く同意した人数（％の平均値）

	カナダ因子カテゴリ			
	第1因子 アイデンティティと現在や未来への指針をもたらすものとしての歴史	第2因子 歴史的事実としての歴史	第3因子 語りや描写としての歴史	第4因子 批判的思考力をもたらすものとしての歴史
日本	57%	70%	70%	47%
スイス	57%	66%	79%	73%
カナダ	65%	82%	91%	77%

（猫田作成）

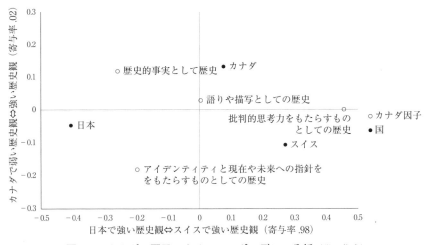

図7-7　カナダの因子によるコレスポンデンス分析 （猫田作成）

は、批判的思考力をもたらすものとしての歴史と語りや描写としての歴史の
2つに強く同意する傾向があり、アイデンティティと現在や未来への指針を
もたらすものとしての歴史、歴史的事実としての歴史とは距離を置いている。
カナダの歴史教師は語りや描写としての歴史に同意する傾向が高く、歴史的

事実としての歴史、批判的思考力をもたらすものとしての歴史に対しても比較的高い同意を示している。

エ．コレスポンデンス分析結果の検討

　ここでは、三か国それぞれの歴史教師の因子に基づいて、各国の歴史教師のビリーフの相対的な特徴について考察する。日本の歴史教師は、現在や未来への指針としての歴史、現在と未来の師としての歴史、歴史的事実としての歴史への同意が高い傾向を示している。スイスの歴史教師は、解釈されたものとしての歴史、学問としての歴史、批判的思考力をもたらすものとしての歴史への同意が高いことが特徴として挙げられる。カナダの歴史教師は、実用主義としての歴史、アイデンティティをもたらすものとしての歴史、語りや描写としての歴史への強い同意を示すことが特徴である。

　これより、各国の歴史教師のビリーフの傾向性が読み取れる。日本の歴史教師は過去を事実と捉え、現在に教訓を与え、現在や未来の進むべき道を提示することが歴史を学ぶ意義であると考える傾向がある。スイスの歴史教師のビリーフは、歴史を解釈として、歴史学の研究方法に基づいて歴史を探究することが歴史を学ぶ意義と捉える傾向が強い。カナダの歴史教師のビリーフは、歴史は語られるものであり、語られた歴史からアイデンティティを獲得し、現在や未来にとり有益な示唆を得ることが歴史を学ぶ意義であるとする傾向がみられる。

　各国の歴史教師のビリーフの特徴から、カナダが全カテゴリで（表7-7のように絶対的な数値として）同意が高い理由を推察することができる。カナダの歴史教師は、歴史を語りとして捉える構成主義的な歴史観を有している一方で、語られる歴史から教訓を得て未来への指針を得るという歴史の有用性や歴史を通したアイデンティティ獲得にも歴史の意義を認めている。歴史の意義が幅広く捉えられ、しかもそれらを肯定的に認めているために、多様な因子において高い同意を示す傾向がみられると考えられる。

　一方で、日本の歴史教師のビリーフは、歴史を歴史的事実と捉える傾向が強く、歴史を歴史解釈と捉えることが難しい状況にあることが窺える。現在の歴史学では歴史は解釈とされ、多様な史資料の読解、比較、関連づけを通した意味連関から歴史解釈を形成する研究方法は自明とされているが、歴史を事実と捉える日本の歴史教師にとり、この学問としての歴史に対して同意する傾向が低くなるのは当然であろう。

　それに対し、スイスの歴史教師は、「解釈されたものとしての歴史」観を有しているため、実用的に歴史から教訓を得たり、アイデンティティを喚起したり、構成主義に基づいて歴史を語ったりすることよりも、歴史学の方法に基づいて歴史を探究し、歴史解釈を形成することに歴史の意義を置いていると推測される。

　本研究で解明を図る歴史教師のビリーフとは認識論的ビリーフである。第3章で論じた通り、FHNW グループは認識論的ビリーフを歴史理論的ビリーフと呼び、各ビリーフ概念の理論的精緻化を図った。本グループの歴史理論的ビリーフの枠組みを活用して、これまでの分析を基に、各国の歴史教師のビリーフの特徴を整理する。日本の歴史教師は、歴史を事実と捉え、歴史から教訓を得て未来への指針を獲得することが歴史を学ぶ意義と考えており、歴史理論的ビリーフの模倣者の立場を示している。史資料に基づいて過去がどのようであったのかを因果関係から理解する実証主義の立場を採り、この理解した過去の事実を現在の諸問題や未来の方向性を考察するために活かすことが日本の歴史教師の認識論的ビリーフの潮流といえる。

　スイスの歴史教師は、歴史を解釈と捉え、史資料の比較や関連づけといった探究を通して歴史解釈を形成することに歴史を学ぶ意義を見出しており、借用者の立場を表現している。歴史とは個人的な見解、それぞれの解釈であるという懐疑主義の立場を採用し、作成者の視点を史資料から読み取り、自身でも歴史学の研究方法に基づいて史資料を読解し、歴史解釈を形成するこ

とがスイスの歴史教師の認識論的ビリーフの趨勢と捉えられる。

　カナダの歴史教師は、歴史を語られるものと捉え、語られた歴史の表現から教訓や未来への指針、アイデンティティを獲得することに歴史を学ぶ意義を持ち、基準者の立場を採る。歴史は史資料を基盤として再構築するものであるという語り的構成主義の立場であり、現在についての考察や現在における実用性を重視しているので、歴史学の概念や理論に基づきつつも、現代的な問題関心や未来の方向性から過去を説明し、表現することがカナダの歴史教師の認識論的ビリーフの大勢と考えられる。

　三か国の歴史教師のビリーフは、FHNW グループの歴史理論的ビリーフの枠組みからみると、それぞれ異なる立場に位置づき、認識論的ビリーフの傾向性において相違があることが明らかとなった。

⑸　三か国の歴史教師のビリーフから想定される歴史教育の検討

　本項では、資質・能力志向の歴史教育の観点から、前項で整理した各国の歴史教師のビリーフに基づいて想定される歴史教育の傾向性を検討する。そのためにまず、資質・能力志向の歴史教育とはどのような歴史教育であるのかを明確にする必要がある。ここでは、2018年告示高等学校学習指導要領の第 2 章第 2 節地理歴史を基に、日本でめざされる資質・能力志向の歴史教育を具体化する。次に、その具体化した資質・能力志向の歴史教育からみると、各国の歴史教師のビリーフの特徴から想定される歴史教育は資質・能力志向になりえているのかを考察する。

①資質・能力志向の歴史教育の確定

　2018年版告示高等学校学習指導要領は、小学校や中学校の学習指導要領と同様に、主体的・対話的で深い学びを通した「知識及び技能」、「思考力、判断力、表現力等」、「学びに向かう力、人間性等」という 3 本の柱からなる資質・能力の育成をめざしている。この学習指導要領がめざす学びと資質・能

172

力は、歴史系科目においてはどのように具体化することができるのか。歴史系科目における主体的・対話的で深い学びとは、歴史家による歴史の探究活動を範とすると考えられる。まず、史資料の考察から問いを設定し、問いを踏まえた主題に関わる史資料を収集・選択する。次に、選択した複数の史資料から多様な歴史的事実を認識し、複数の史資料の関係性や相違から歴史的事実を関連づけ、解釈する。そして、歴史的事実の解釈から、主題に関する仮説を提示し、歴史像を表現する。歴史像とは、仮説に基づいて構築される多様に想定される語りであり、史資料に基づいて論理整合性と反証可能性の観点からいずれかの歴史像を選択する必要がある。そして、選択された歴史像を互いに検証し、高めていくことで、より論理整合性と反証可能性を備えた歴史像へと修正、再構築する。この一連の活動が歴史家の探究であり[14]、この探究はまさに主体的・対話的で深い学びに通じるものである。自らの問題関心に基づいた主体的な史資料の探究を通して、歴史的事実を認識・解釈することで、歴史像を形成し、各自が形成した歴史像を互いに検証してより妥当性の高い歴史像を共同構築する学びが、歴史系科目における主体的な対話を通して歴史像へと至る深い学びといえる。この学びにおいては、問いを設定する、歴史的事実を認識する、歴史的事実を解釈する、歴史像を表現する、歴史像を検証しあうといった活動に関する資質・能力が求められる。そして、これらの活動においては、主体的、対話的、協働的に取り組む態度も資質・能力として必要とされるであろう。

②各国の歴史教師のビリーフの特徴から想定される歴史教育の検討

次に、各国の歴史教師のビリーフの特徴から想定される歴史教育は、上記の主体的・対話的で深い学びやその学びにおける資質・能力を保証するものになっているのかをみていく。

日本の歴史教師のビリーフは、史資料に基づいて過去がどのようであった

---

[14]　この一連の活動に関しては、遅塚忠躬『史学概論』東京大学出版会、2010年、p.116を参照。

のかを因果関係から理解する実証主義の立場を採り、この理解した過去の事
実を現在の諸問題や未来の方向性を考察するために活かすものと捉えている
傾向性を示した。この傾向性からは、生徒が過去を原因と結果からなる因果
関係に基づいて歴史的事実を理解し、歴史的事実から学んだ教訓を基に現在
の社会問題や今後の方向性を考察する歴史教育が想定される。歴史的事実を
理解する歴史教育では、歴史的事実の認識にとどまり、生徒には史資料を自
らの問いで探究することは求められないであろう。そのため、生徒各自が自
らの問いに基づいて歴史像を形成することもできないので、それを他者と検
証して高める学びを実現することも難しいであろう。日本の歴史教師のビリ
ーフの傾向性では、主体的・対話的で深い学びやその学びでの資質・能力を
保証することは困難であるといえる。

　スイスの歴史教師のビリーフは、歴史とは個人的な見解、それぞれの解釈
であるという懐疑主義の立場を採用し、作成者の視点を史資料から読み取り、
自身も歴史学の研究方法に基づいて史資料を読解し、自身の歴史解釈を形成
するものと捉えている傾向性を持つ。この傾向性では、複数の史資料から作
成者の視点に応じて異なる歴史的事実に関する複数の歴史解釈を読解し、そ
れらを比較したり、関連づけたりすることで、自身の歴史解釈を形成する歴
史教育が想定される。歴史的事実を解釈する歴史教育では、史資料から作成
者の視点を自身で読解したり、自身の視点から歴史解釈を形成したりすると
いう主体的な学びは保証される。しかし、一方で、史資料からの歴史的事実
の解釈にとどまり、独自の視点からの歴史像の表現は求められないので、そ
れを他者と検証する学びはない。スイスの歴史教師のビリーフの傾向性では、
対話的で深い学びの実現と、その学びによる資質・能力の保証は難しいとい
える。

　カナダの歴史教師のビリーフは、歴史は史資料を基盤として再構築するも
のであるという語り的構成主義の立場であり、歴史学的な概念や理論よりも、
現代的な問題関心や未来の方向性から過去を説明し、表現することを重視す

る傾向性が高い。この傾向性では、現代や生徒自身の問題関心や今後の方向
性から過去の歴史的事実を解釈し、現在の視点から再構築して歴史を語る歴
史教育が想定できよう。カナダの歴史教師は、因子分析において歴史の探究
を重視する傾向もみられるものの、コレスポンデンス分析では、学問として
の歴史はスイスの歴史教師よりも、他カテゴリとの相対で見ると低い傾向に
ある。歴史学における研究方法よりも現在の問題関心や未来の方向性により
力点が置かれるため、主体的に歴史像は表現されるが、その表現に至るまで
の歴史的事実の認識、解釈といった探究が歴史学の研究方法からみて適切で
妥当であるのか、その歴史像が論理整合性や反証可能性を備えたものである
のかにおいて課題があることが考えられる。そのため、カナダの歴史教師の
ビリーフの傾向性でも、対話的で深い学びの実現、その学びでの資質・能力
の保証が確実とは言えないと判断される。

　以上の三か国の歴史教師のビリーフの特徴から想定される歴史教育から、
三か国ともに主体的、対話的で深い学びを通した資質・能力の育成が確実に
保証されているわけではないが、日本の歴史教師のビリーフの傾向性では歴
史的事実の理解にとどまるために、資質・能力志向への転換に向けて、三か
国の中で最も困難な現状にあると判断することができよう。

③資質・能力志向の歴史教育への転換に向けた考察

　前節での日本の歴史教師と実習生のビリーフに関する考察、本節でのビリ
ーフの国際的な比較考察のいずれにおいても、日本の歴史教師はビリーフの
観点からみると資質・能力志向への転換が極めて困難であることが明らかと
なった。第6章でみた通り、歴史教師のビリーフは教室でのプロセスに決定
的な影響を及ぼす授業活動の主要因であり、学校教育現場の歴史授業を実質
的に資質・能力志向へと転換する鍵といえる。

　本研究では、歴史系科目固有の主体的・対話的で深い学びを、自らの問題
関心に基づいた主体的な史資料の探究を通して、歴史的事実を認識・解釈す

ることで、問題設定に即した適切な歴史像を選択し、その歴史像を論理整合正と反証可能性の観点から互いに検証してより妥当性の高い歴史像を共同構築する学びと捉える。この学びは、歴史学における史資料を読解・検証する実証主義的なスタンスのみならず、他者とともに歴史を再構築する構成主義的なスタンスも求める。これらのスタンスで取り組み続けることで、生徒主体の学びとなり、生徒が多岐にわたる資質・能力を発揮する資質・能力志向となるのである。スイスの歴史教師のビリーフは前者のスタンス、カナダの歴史教師のビリーフは後者のスタンスを取る傾向が強いといえる。スイスやカナダの歴史教師は、日本の歴史教師よりも、学問としての歴史や語りとしての歴史といった資質・能力志向の歴史教育と関連が深いビリーフに対して明らかに高い傾向性を示している。一方、日本の歴史教師のビリーフは、選択式質問項目の統計分析、記述式質問項目への回答のいずれをみても、歴史学における史資料の読解や検証を経た研究成果としての歴史的事実を学ぶことが重視され、いずれのスタンスからもまだ距離を置いており、これは資質・能力志向への転換からほど遠いことを如実に物語っている。

　入試制度が変わらないと学校教育現場の歴史教育は変わらないとよく言われる。しかし、本研究の結果はこの流布している言説とは異なる結論を明らかにした。本研究での分析では、日本の歴史教師は過去の歴史的事実から学び、その教訓を現在や未来に活かすことこそが歴史を学ぶ意義であるという確固たるビリーフを有することが判明した。このビリーフは、現在に資する有益な示唆を与えるという歴史の実用性や有用性との関連が深く、歴史の事実を調べ、考察を深め、探究し、自らの言葉で歴史を語ることで歴史的思考力を育成する資質・能力志向の歴史教育とはつながりが希薄である。これは、日本の歴史教師は従来の内容志向の歴史教育を是としており、資質・能力志向への転換を歴史教師自身も求めていないことを意味する。これこそが、日本の歴史教育が変わらない根本的な理由といえるのではないだろうか。

　実習生を含めたコレスポンデンス分析の結果（図 7-3）をみると、実習生

は歴史の有用性を重視していることが読み取れ、これは歴史教師が従来の歴
史教育を再生産していることの証左である。その一方で、実習生がアイデン
ティティをもたらすものとしての歴史に対する極めて高い同意を示している
ことは、資質・能力志向の歴史教育からの逆行がみられると判断される。今
後の歴史教育を担う実習生が、資質・能力志向の歴史教育と乖離した傾向性
を示していることは、きわめて憂慮すべき事態と考えられる。本研究は、内
容志向から脱却する歴史教師の意識変革こそが、切実かつ喫緊の課題である
ことを示しているのである。

第8章　拡張された現在における歴史教育
—大いなる挑戦[1]—

　過去に取り組むことは、多くの人にとって無駄で、無意味で、退屈なことのように思える。人々は、現在、今、この瞬間を生きたいのである。これは新しい現象ではない。人々が動物をうらやましいと感じるのは、彼らがすぐに忘れることができる、つまり、歴史にとらわれないで生きることができるからであると、早くも1874年にはニーチェ（Friedrich Wilhelm Nietzsche）は分かっていた。

> 「あなたのそばで草を食んでいる群れを見てみなさい。それは昨日や今日のことを知らず、飛び跳ねて、食べて、休息して、消化して、また飛び跳ねて、そうして朝から晩まで、そして日々、欲望や不満、つまりその瞬間の制約に対して我慢することがなく、したがって憂いも疲れもない。動物の前ではその人間性を誇りとしながらも、動物の幸福をうらやましそうにみているので、人間にはそれをみるのがつらいのである。それだけに、動物のように、疲れもせず、苦しみもなく生きたいのである。[……]。（Nietzsche, 1984: 8）[2]

　なおかつ、現代では人々の現在志向が再び強まっているようである。これは、今日、未来がより危険であるように思われ、もはや楽観的な気配がなくなっているという事実が原因である。アスマン（Aleida Assmann）はこう述べた。

> 「環境汚染、飲料水の不足、気候変動といった経験だけでなく、人口過剰、社会の高齢化の進行といった人口問題も、私たちの未来観を根本的に変えている。こうした前提のもとで、私たちの願望や希望の黄金郷はもはやなく、それとともに進歩の観念も消滅する。」（Assmann, 2013: 12-13）

　グンブレヒト（Hans Ulrich Gumbrecht）も同じ認識に至る。彼も、未来は

もはや私たちにとって可能性の開かれた地平ではなく、あらゆる予測に対してますます閉ざされるとともに、脅威として迫ってくるような次元であると指摘する（2010: 16）。グンブレヒトは、私たちがどのような過去も捨て去ることはもはやできないという事実に、副次的な現象を見て取る。過去は私たちの現在であふれており、もちろん、電子メモリ性能の完成度がここで中心的な役割を担っている。

さらに、例えば、第二次世界大戦以降の休眠資産の処理を思い出すことを拒否したスイスのように、過去はあちこちで脅威ともなっている（Maissen, 2005）。名誉毀損防止同盟（ADL）のエイブラハム・フォックスマンは1997年に「スイス人の敵はユダヤ人ではなく、彼ら自身の過去である」（Maissen, 2005: 285）と事態の核心を突いた。

グンブレヒトは、時に敵対して私たちに押し寄せる過去と、脅威的な未来との間に、「拡張された現在」（2010: 16）を認識する。ここでは未来も過去も重要な役割を果たさず、観察されるのは「存在する」瞬間へのあこがれである。歴史的思考を構成するものすべて、例えば、人間は時間の地平を直線的に進んでいる、すべての現象は時間の変化に影響される、人間は常に過去を捨て去っている、未来は可能性に開かれた地平であり、人間はそれに向かって進んでいる、現在とはかろうじて知覚できる推移の一瞬でしかないといった考え方は、この拡張された現在では失われているとグンブレヒトは判断する（2010: 15-16）。拡張された現在において、歴史は方向づけ、意味を与える機能を失っている。したがって、なぜ今日、私たちは過去に取り組むべきなのかという疑問が、新しく切迫して生じるのである。

本章では、学校における歴史教育に注目する。第1節では、「教授学の三角モデル」を活用して、授業の構造を分析する。これは、学校での歴史教育には3つの正当化の方向性があることを示す。その根拠は、社会、歴史科学、学習者に見出すことができる。

第2節では、学習者に焦点を当て、歴史教育が、歴史に対しては有能に、

社会に対しては責任を持って、自分自身に対しては思慮深く対処できるよう促すことを指摘する。これら 3 つの次元には多くの側面を見出すことができ、これら 3 つの次元と15の側面からなるモデルが、「なぜ歴史教育なのか」という問いに対する私たちの答えである。

　第 3 節では、アプリ〝Fleeing the Holocaust（ホロコーストからの逃亡）〟とビデオゲーム〝When We Disappear（私たちが姿を消す時）〟を使って、このモデルを説明する。いずれにせよ、重要なのは、学習者が歴史を自分のものとし、活用して、意味づけをして、物語を生み出すという事実である。C がついた「producing」と「using」という 2 つの動詞を縮めると、S がついた「produsing」という造語になる。

　第 4 節では、歴史教育がさまざまなかたちで現れることが示される。これらの違いは、教師が持つ歴史固有のビリーフの違いに起因するのではないかと推測される。

　最後に、第 5 節では、この理論的な問いに対して実証的に究明したことを示し、「なぜ歴史教育なのか」という問いに答えるための方向性を示す新しいモデルを提案する。

1．教授学の三角モデル：歴史教育を説明するための構造モデル

　歴史教育はここ数十年の間に大きく変化している。もちろん、パンデミックの間もそうである。学校と同様に通常、歴史教育も社会の大きな潮流によって決定される。

拡張された現在
　第 1 に、私たちの社会における時間構造の変化は、「なぜ歴史教育なのか」という問いを新たな話題性と切迫感をもって改めて提起する。変動する時間構造は、あちこちで歴史学習がもはや独立した教科として提供されるのでは

なく、政治教育や地理と組み合わせて教えられること、歴史学習が社会科に統合されることといった事実をもたらす。

接続性、ソーシャル・メディア、デジタル化

第2に、接続性、ソーシャル・メディア、デジタル化が歴史教育を形成している。豊富なメディアや史資料が利用でき、新しい形のコミュニケーションやデジタルツールによって、以前よりも多様で異なる歴史授業が可能となる。

人口動態の変化、社会の変化、分断社会

第3に、学級における学習者の文化的背景は昔に比べて今日では極めて異なっており、インクルージョンも異質性を高める要因である。さらに、分断社会が学級という共同体における安心感と信頼感のある学習を難しくしている。

気候変動と現代の新しい問題

第4に、気候変動と現代の新しい問題は、過去についての新しい問いをもたらし、今度はそれが歴史教育の新しい内容、テーマ、目標につながる。かつては国家史や古代史が重要視されていたが、今日では環境史、移民史、グローバル・ヒストリーといった内容がカリキュラムや教材に見られる。

シンセティック・メディア、知識、情報

第5に、主要な歴史のテーマの教授における学校優位の終焉に注目する。現代社会では、子どもや若者はその前の世代とはまったく異なる環境で育っている。彼らは情報をいつでも入手できるが、その情報が信頼できるかどうかは判断が難しい。コンピテンシー志向は、歴史教育についての語り、そしてある程度まで日々の授業を形成する。

個人化とジェンダーシフト

　個人化は現代の中心的な文化原理である。自己実現と自己決定の価値が高まっている。さらに、ジェンダーはその宿命的な意義を失った。新しい役割のパターンが文化的な多元主義をもたらす。これら全てがまず、歴史授業における学習者に対する私たちの対処方法が変化しているという事実をもたらす。例えば、自分のものにするために先入観に対応することが重要である。さらに、教師の役割も根本的に変化している。彼らは知識の伝達者ではなく、コーチであり、プロセスのファシリテーターでなくてはならない。

　このリストはすべてを網羅しているわけではないが、それでもなお、ここ数年の間に学校の歴史教育に大きな変化が起きているのは明らかである。

　とはいえ、構造的な定石は存在する。それは、一般教授学が提供する「教授学の三角モデル」で明らかになる。このモデルは、一般的には教室での出来事、ここでは歴史教育に影響を与える要因を説明するために活用される。このモデルは「なぜ歴史教育なのか」という質問に対する回答を見つけるのにも役立つ。

　歴史教育は、常に歴史の領域を扱う。それは時間軸、空間軸、内容領域で構成され、この領域は日々、すべての新しい出来事、現象、人物によって拡大していく。この広大な領域から、構造化と削減の過程を経ながら内容や目標を獲得しなければならない。選ばれた内容は、多種多様な視点、それぞれ目標が異なる見方から考えたり、問いかけたり、問題化したりできる。多様な語りが学ばれる。意味が明らかにされた内容に対して選択されたアプローチは、テーマと呼ばれる。内容、語り、テーマ、これが教授学の三角モデルにおける左上のコーナーである。

　この内容で、学習者は組織された授業に取り組むことが想定される。この状況から、教授学の三角モデル右上のコーナーに名前が付けられる。教授学の三角モデルの構図において、内容と学習者が上にあるという事実は、教育

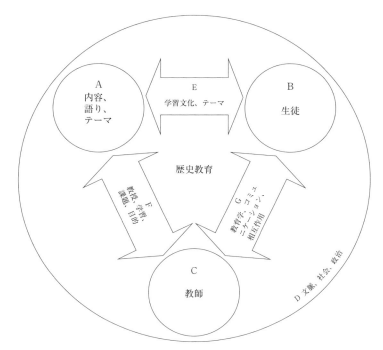

図 8-1　教授学の三角モデル－歴史教育を記述するための 7 つの側面からなるモデル
(Diederich, 1988: 256; Gruschka, 2005: 27; Gautschi, 2007: 50; vgl. Gautschi, 2015: 33)[3]

とは主に学習者が歴史の領域と出会う過程が目的であることを明らかにする。学習者はテーマを学び、過去の出来事に有能かつ自立的に取り組むことができるようになるべきである。

　歴史教師はこの歴史学習を支援することができる。彼らは教授学の三角モデルの下に示される。歴史の領域からテーマを選び、構造化し、学習者との関係で学習しやすい環境を構築し、歴史学習のための学習の道筋をつけ、学習状況を整えることによって、学習プロセスを開始する。

　社会が授業を形成するのは明らかである。教師と学習者は社会によって直接的、間接的に形成され、テーマは文化を映し出す。さらに、授業は、起き

ていることを促進したり、抑制したりする一定の条件や時期に応じて選択された環境で行われる。社会は教授学の三角モデルを構成する。これは、一方では社会が授業に影響を与え、他方ではもちろん、授業も社会に影響を与えることを明らかにする。具体的な授業場面では、様々な社会的言説が教室で絡み合う。ビネンカーデ（Alexandra Binnenkade）はこれを「とりとめのない交錯」と呼ぶ（Binnenkade, 2015）。

　「なぜ歴史教育なのか」という問いへの答えを求める者は、まずこのとりとめのない交錯に目を向け、社会の観点から歴史教育の正当性を明確に説明するかもしれない。この方向で答えようとする者は、例えばアイデンティティの重要性、または、歴史を通した学習者の社会化を強調する答えに行き着く。

　正当性をつきとめるために考えられる第 2 の出発点は、歴史の語りと領域、すなわち歴史科学にある。この方向性に目を向ける者は、例えば、歴史の授業は、科学の入門的な方法で歴史を扱う方法を教えることで根拠づけられると答える。若者は歴史の方法論を習得し、史資料に基づいて批判的に考え、常に異なる視点から過去を解釈することを学ぶ。

　「なぜ歴史教育なのか」という問いに対して答える別の方法は、学習者の立場から考えること、つまり学習者を関心の的にすることにある。これについては次節で行う。出発点は、歴史教育を受けると学習者はどのような特徴を持つようになるのかという問いである。これは、一定の方法での「逆行的思考」である。高度な歴史教育を受けた人々という到達目標から議論を始める。

2．歴史教育：歴史、社会、自分自身に取り組む

　歴史授業において学習者に関心を持つ者であれば誰もが、学習者のコンピテンシーを育成し、差異化する方法を知りたいと考える。コンピテンシーと

は、よく引用されるヴァイネルト（Franz E. Weinert）の定義によると、「一定の問題を解決するために、個人が利用できる、あるいは学習できる認知的スキル、及び、様々な状況において効果的、かつ責任を持った問題解決に活用するための認知的スキルと結びついた動機、意思、社会性」（Weinert, 2001: 27-28）である。

　しかし、歴史授業は常に問題解決が目的というわけではない。特に、生徒や教師が最もよく覚えている歴史授業はそうである。例えば、ホロコーストの生存者を歴史の授業に招いたり、生徒と一緒に強制収容所を訪問したりする教師、第二次世界大戦中の犯罪やルワンダでの大量虐殺についてビデオ撮影した目撃者の話を教室で提示する教師は、そもそも学習者に知識を与えたいわけでも、問題解決ができるようにしたいわけでもない（Thünemann, 2018）。フンボルト（Wilhelm von Humboldt）が「教育」（ドイツ語では Bildung; Humboldt, 1903: 283）を説明した1793年に早くも述べたように、例えば「我々の自我と世界とを結びつけること」など、他の事柄に焦点を置くことが多い。一般には歴史教育、具体的にはホロコーストのテーマ化は、個人が所与の世界に適応することではなく、したがって、この世界におけるある問題を解決することを専らの目的とするわけではない。むしろ、それは「個人がこの世界において人間であるという自分自身固有の形式を発展することができる、結果、自分自身を教育する」（Sander, 2014: 11; 2018）多面的な取り組みを目的とする。教育とは、それゆえ、簡潔かつ一般的に要約すれば、自分自身、他者、そして世界への思慮深いアプローチを映し出す（Wikipedia, 2021）。

　さて、近年の歴史教授学では、このフンボルト的な意味での歴史教育を明確に扱うことはほとんどない。関連する著書は片手で数えられるくらいである（Buschkühle, Duncker, & Oswalt, 2009; Dreßler, 2012; Henke-Bockschatz, Mayer, & Oswalt, 2005; Mayer, 2005; Mütter, 1995）。周知の通り、教育は発展（教育過程）だけでなく、状態（教育されている）を指す（Sander, 2018）。歴史教育を受けた人とは、率直さと好奇心を持って歴史の領域に直面し、過去、歴史、記憶

を扱うコンピテンシーが十分に発達し、それに基づいて現在と未来の社会における自らの行動範囲を確かめて、活用するとともに、歴史教育の機会を認識し、自分自身を教育し続けるような差異化した個人的・社会的アイデンティティを持つ人である（Gautschi, 2019b）。

　以下では、この定義を、歴史への対処、自分自身への対処、社会への対処という 3 つの次元に沿って区別する。これらの 3 つの次元は、教育の一般的な定義から生じるものであり、教授学の三角モデルとうまく調和しうる。出発点は学習者である。歴史教育の過程で、学習者は歴史の領域に直面し、社会との関わりにおいて歴史を扱い、自分自身にも取り組む。

　モデルに即した歴史教育の差異化は、教科固有の原理や概念の具体化や可視化をめざすものである。歴史教育は、教育全般と同様に、生涯を通じたプロセスであるため、1 つの段階で達成しえないことは言うまでもない。このモデルでは、一連の授業、または、学校の特定の歴史授業のための学習目標ではなく、理想的な目標が記述される。このモデルは、パンデル（Hans-Jürgen Pandel）の歴史意識に関するモデル（Pandel, 2005）に着想を得ている。彼も、2 つの次元からなるモデルを円形で図解する。このモデルや各側面を説明するために、以下のように簡潔に命名し、説明する。歴史教育は、15 の側面の形成と差異化を図る。

　歴史教育を受けた人々は、まず歴史に有能に対処することができる。彼らは以下のことができる。

(1)　社会的に重要とされる基本的な語りを獲得し（Gautschi, Bernhardt, & Mayer, 2012: 332-334）、重要な表現や概念が分かる。

(2)　物語を語り、分析する（語り性、構築性）（Pandel, 2013: 86-105）。そうすることで、自分自身と世界を語り的に結びつけ（Humboldt, 1903）、自分自身がいかに「物語に巻き込まれているか」（Schapp, 2012）を示す。

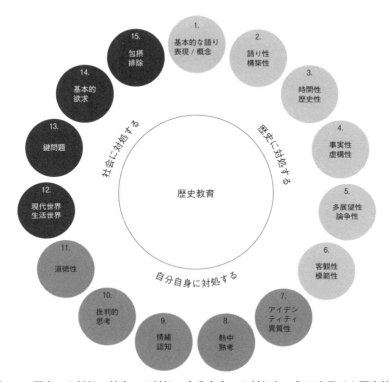

図8-2 歴史への対処、社会への対処、自分自身への対処という3次元での歴史教育

(3) プロセスの前後（時間性）、連続性と変化（歴史性）（Pandel, 2005: 10-15）、原因と結果を考慮する。

(4) 事実性と虚構性を区別する（Fink, 2018; Moller, 2018）。

(5) 多展望性と論争性を働かせる（Lücke, 2017）。

(6) 客観性を追究し（Pandel, 2017; Rüsen, 1997）、全体を見るのでは決してな

く、一般が具体にどの程度現れるかを熟考することを意識する（模範性）。

　歴史教育を受けた人々は、<u>自分自身に熟考的に対処する</u>ことができる。彼らは以下のことができる。

⑺　差異化されたアイデンティティを持ち、異質性に対して開かれている（アイデンティティ意識）(Bergmann, 1997; Rüsen, 2013: 267-271; 2020)。さらに、過去の行為した人や苦悩した人を知り、彼らの行動の裁量を評価することができる（個人化、人格化）(Schneider, 2017)。

⑻　歴史に没頭し（熱中）、思慮深く距離をとることもできる（熟考する能力）(Knoch, 2020)。どうすれば過去の人々が経験したことをうまく理解できるのか。そのために、どのような史資料が役立つのか。

⑼　人に共感し（情緒）、プロセスを分析できる（認知）(Brauer & Lücke, 2013)。

⑽　批判的に考える。したがって、物事を単に見かけ通りに受け入れるのではなく、物事が本当に見かけ通りであるかどうかを自問する (Fink, 2017)。

⑾　自分の存在と行動を価値観に方向づける（道徳意識）(Pandel, 2005: 20)。

　歴史教育を受けた人々は、<u>責任を持って社会に対処する</u>ことができる。彼らは以下のことができる。

⑿　自分の存在と行為を現在と生活世界に方向づけるとともに、そこから自身を切り離すこともできる (Buck, 2012; Gatzka, 2019)。

188

⑬　現代社会の鍵問題を明らかにするために、過去から選択したエピソードを知り、テーマ化する（Klafki, 1985）。

⑭　社会の基本的要求（食料、水・空気、衣服、住居、共同生活、教育、仕事・娯楽、コミュニケーションなど）を念頭に置き、どの要因が色々な時代において要求の充足を促進し、どの要因がそれを困難にするのかを自問する（Gautschi, 2019a: 50）。

⑮　包摂と排除をテーマ化する（Völkel, 2017）。

　このように理解される歴史教育は、現在、アナログ空間でもデジタル空間でも、学校でも公共でも、歴史を伝達する計画を作成する際の目標である。

3．歴史の活用と創造

　特にホロコーストのテーマを扱うことは、若者に歴史教育を提供し、彼らを歴史、社会、自分自身に対処できるようにするための義務である。ホロコーストの問題を取り上げることで、歴史教育の基本的な問題と関わる人間の行為についての多くの基本的な問題が範例的に取り組まれるであろう。もちろん、学校でホロコーストが議論の対象とされるたびに、前述の歴史教育の15の全側面を伝えたり、または、人間の行為に関する基本的な問いの全てを尋ねたりすることは不可能だし、望ましくもない。よく知られているように、教授学とは、示し、選び、本質を残して余分なものを削減する技術である。しかし、私たちが、アプリ "Fleeing the Holocaust（ホロコーストからの逃亡）"（Gautschi & Lücke, 2018）やビデオゲーム "When We Disappear（私たちが消える時）"（Schillig, 2021）で展開している前述した歴史教育の側面は、こうした製品の開発を方向づけるラーニング・コンパスとして機能する。

アプリ "Fleeing the Holocaust（ホロコーストからの逃亡）"

ウェブアプリ "Fleeing the Holocaust"[4] は、ブレゲンツの _erinnern.at_ 協会（VEA）、ドルンビルンのフォアアールベルク応用科学大学（FHV）、ルツェルン教育大学（PHLU）の歴史教育・記憶文化研究所が教育目的と自由活用のために共同で企画・開発した。このアプリはドイツ語版と、ヴォー州教育大学のフィンク（Nadine Fink）とそのチームの開発によるフランス語版（Fuir la Shoah[5]）が利用可能で、関連するストアから無料でダウンロードすることができる。

ドイツ語版でアプリをダウンロードすると、「ある部屋であなたは記憶に直面する」という文言で始まる予告編が始まる。若者は最初は誰もいない部屋に入り、若者のモノクロ写真を5枚発見する。彼女が壁からそのうちの1枚を手に取るとすぐに、写真に写っている女性が話し始め、ナチス・ドイツによるオーストリア併合、その過程でどのように親とはぐれ、二度と会えなくなったかを語る。この女性、ゾフィー・ハーバーの物語は、このアプリで語られる5つの物語の1つであることが、予告編の終盤で明らかになる。

そして、5名の人物が画面上で簡単に紹介される。大抵は生徒である利用者が肖像写真をクリックすると、その人物の名前と、例えば、「エヴァ・コラルニクは1936年生まれ、8歳のときにブダペストからスイスに逃亡した」といった、ごく簡単な物語の概要が分かる。人物と物語を決めると、約20分の映像が始まる。これは、編集された同時代の証言者のインタビューであり、ここではエヴァ・コラルニクが人生を語っている間ずっとその場面が映し出される。映像の最後には4つの観点が生徒に提示され、そのうちの2つ、例えば「ブダペストでの生活」と「命の恩人のハラルド・フェラー」をさらに調査を進めるために選ぶことができる。

そして、生徒を認知的に活発化し、同時代の証言者やテーマとの徹底した対面を促す選択された観点に対する多くの課題へと進む。生徒は、簡単な答

えを書き、引用を選び、感想を書き、多肢選択問題に正しく答え、文頭を仕上げ、アプリのテキストブロックのテキストを結びつけ、短いテキストを自分で書かなくてはならない。「ホロコーストからの逃亡」というテーマでの約45分の学習の最後には、最終的に生徒は時代の変化で生じた現代における「逃亡」も扱う。

　生徒が扱ったアプリの資料や、彼らが表現した考えが、「私の証言」というタイトルのPDF形式の個人アルバムにまとめられる。生徒はこの「証言」を、生徒が自分で選んだ宛先、学校であれば先生にメールで送り、さらに生徒がそれに取り組んだり、ポートフォリオに保管したりするために、その成果は返却される。生徒が自ら文書を作成し、物語を語る、つまり自分自身の証言をするので、効果的な歴史学習が可能となる。

　4つの基本的な考え方が開発研究を導いた。

１．自身の経験を話す同時代の証言者のビデオ撮影されたインタビューが、アプリの中心にある。生徒はこれらの逃亡者にゲーム上で出会い、その名前を知り、顔を見て、彼らの話を聞き、理解する。

２．このアプリは、学校を基盤に仲介手段として提供される柔軟に活用できる授業である。アプリの活用には、3つの授業の選択肢がある。教室における自分のデバイスでの個人または小グループでの活動、教師によるプロジェクターや対話型ホワイトボードでの提示、学習者の自宅でのアプリの活用とそれで作成したアルバムの教室での比較や議論である。

３．学習者は、認識から探究と解釈を経て、さらに方向づけへという歴史学習の全てのプロセスを通して、物語を語る（Gautschi, 2015: 51）。生徒はアプリで活動しながら、資料を集め、整理し、解説するアルバムで自身の証言を作成する。その成果は、PDFファイルで記録される。

4．最後に、物語は彼ら自身の生活世界を組み込み、愛、信頼、学校、家族、余暇といった若者にとって重要な問題を扱っているので、若者は選択された人物と関係を築くことができなくてはならない。

ビデオゲーム "When We Disappear（私たちが消える時）"

ビデオゲーム "When We Disappear"[6]は、インルージオインタラクティブ社とルツェルン教育大学（PHLU）の歴史教育・記憶文化研究所が、教育目的と自由活用のために共同で企画・開発した。

このゲームのはじめの場面で、生徒は1943年のアムステルダムに移動する。彼らはそこで、強制移送の危機から逃れようとする迫害された少女の視点に立つ。脱出は、ベルギー、フランス、スイス、スペイン、ポルトガルへと、ヨーロッパを横断する。それにより、少女とゲーマーは数え切れないほどの危険な状況に対処しなければならない。占拠された家から逃げ、迫害者を避けて通りを渡り、排水管に沿って屋根に登り、そこから再び通りに飛び降り、警備の厳しい橋を駆け抜け、ジレンマ状況を乗り越えなければならない。アムステルダムで隠れるべきか、アムステルダムから逃れるべきか、というように。

描かれる物語は、第二次世界大戦中にナチストによる迫害や殺害から身を守るために、ヨーロッパ各地に逃れた何百人もの子どもや若者について語られ、調査された状況に基づく。脱出支援団体にかくまわれたり、脱出ルートで安全な場所に連れてこられたりした者、レジスタンスの闘士に助けられた者もいたが、多くは消息を絶ち、裏切られ、発見され、捕えられ、国外追放や殺害された。うまく脱出するために、ゲーマーには支援と情報が必要である。このゲームでは特に、少女の妹が逃亡中に何が起こったのかを探ろうとした事実によって、彼らはそれらを得る。ゲームの中で薄れゆく彼女の記憶を頼りに、ゲーマーは追っ手から逃れる。

第 1 に、"When We Disappear" は、デジタル化によって提供される、新

たな仲介手段の提供を創造する機会を活用し、そうすることで、特に学校との仲介という文脈において、生活世界に影響を与え、教育を可能にするデジタルとアナログの現実との絡み合いとみなされるデジタル文化が構築される（Stalder, 2016）。第 2 に、"When We Disappear" はゲーミフィケーション（意欲をかき立てるために、ゲーム的な要素を、ゲーム以外の分野に応用すること：訳者注）が提供する機会を活用する（Gautschi, 2018）。ここでは、ある少女の脱出の物語が「まるで自分が行動しているかのよう」になる。ゲーマーは物語に巻き込まれて活動的になり、彼らには「行動力」（エージェンシー）が与えられる（Hewson, 2010）。マッコールはこれを「参加型パブリックヒストリー」（McCall, 2019: 38）と呼び、行為を試すことが可能になる。"When We Disappear" は逃亡の実験室である。1943年のアムステルダムの若者の状況をシミュレーションし、彼らの行動の結果を常にゲーマーに突きつける。こうして、ゲーマーは状況に引き込まれ、判断しなくてはならず、情緒的に影響を受ける。ゲームするという行為において、利用者は歴史という広大な領域に飛び込み、歴史を構築する（Giere, 2019: 51）。

　アプリ "Fleeing the Holocaust" とビデオゲーム "When We Disappear" 双方に取り組むことで、歴史教育が可能になる。その第 1 の理由は、利用者は歴史の領域の一断面、したがって歴史に直面するからである。第 2 は、利用者は重要な現在の社会問題に取り組むから、そして、この歴史性や社会性との直面で自分自身にも対処しなくてはならないからである。これら 3 つの次元の扱いが特に有益な方法でなされるように、学習者が歴史を自分自身のものとし、活用し、意味づけし、物語を生み出すことが重要である。アプリ "Fleeing the Holocaust" では、利用者は自分自身の証言（メールやアルバム）を作成し、それを他者に送信する。ビデオゲーム "When We Disappear" では、ゲーマーは自身の判断ですぐに物語の筋を作り出す。これが、「拡張された現在において歴史を生み出し、活用する」仕組みである。

4．なぜ歴史教育なのか？

　なぜ歴史教育なのか。答えは簡単である。人は教育されるべきで、歴史に対して有能に、社会に対して責任を持って、自分自身に対して熟考的に対処できなくてはならないからである。しかし、この答えは複雑でもある。この表現は一般的で構造的な秩序をもたらすが、教育実践の具体はいまだに述べてはいない。なぜなら、それは特に、私たちが歴史について何を理解しているか、そして歴史の扱いが個人や社会を扱うことにどのような影響を及ぼすべきかに左右されるからである。

　この理解が全く異なることがありえるので、歴史授業もそれぞれ大きく異なる。国によってだけでなく、学校によって、さらにはクラスによってさえも異なる（Gautschi, 2015）。同じテーマを、同じ学校で同じような生徒に全く同じ教材で教えたとしても、かなりの違いが観察されることがある。2008年と2010年に、シェーア（Bernhard C. Schär）とシュペリーゼン（Vera Sperisen）は、スイスドイツ語圏の20名の歴史教師に、歴史教材『見続けて、問い続ける―現在の問題に照らしたスイスとナチズム期―』を自身の学級でどのように解釈し、評価し、活用しているかをインタビューした（Bonhage, Gautschi, Hodel, & Spuhler, 2006）。さらに、2名の研究者は、その教材を使用する6名の教師の授業を参観した。彼らは、「教師は自身の考えに基づいて、教材の内容や教授学的構想を強固に形成したり、大幅に変更したりすることができる」（Schär & Sperisen, 2011: 133）と結論づけた。この研究は、「授業行為に関する教師の職業習慣的な気質は、教材の構想よりもはるかに重要である」（Schär & Sperisen, 2011: 125）ことも示した。

　ブルデュー（Pierre Bourdieu）のハビトゥスの概念に従って、2名の研究者は「教師の職業習慣的気質」を「歴史に関する基本的な考え方」（Bourdieu, 1976: 165）、歴史授業の一般的目標、教授学的な主要概念、生徒の要求につい

194

ての基本的な考え方（Schär & Sperisen, 2011: 127）とみなす。このようにして、彼らは、ニュージーランドの教育学者ハッティ（John Hattie）が2003年に述べたことを裏づける。「教師が変化をもたらす」（Hattie, 2003）。すべては教師しだいである、と。

　しかし、何が教師の行為を導いているのか。歴史教師の計画と指導を本質的に決定する歴史教授学の立場があるように思われる。

　1986年にロールフェス（Joachim Rohlfes）が"Geschichte und ihre Didaktik（歴史とその教授学）"を出版して以降、歴史教授学において4つの教授的立場が区別され、それらは教授学の三角モデルにうまく位置づけることができる。それが以下である。（1）内容、語り、テーマに焦点化する教科や科学に導かれたアプローチ。（2）教授・学習文化に主眼が置かれる学習や指導と関連するアプローチ。（3）学習者に焦点を当てる生徒・教育者・教育志向の構想。（4）特に相互作用と関係性の文化、文脈や社会や政治に焦点化する現在・社会志向のアプローチ。

　歴史教育の実践上の相違は、例えば「冷戦下のスイス」といった同じテーマの異なる歴史授業を観察し、その方向性や目標における重要な違いを見つけることでも明らかになる（Christophe, Gautschi & Thorp, 2019; Furrer & Gautschi, 2017）。生徒が複数の史資料の比較を学ぶことが重要であると教師が考える歴史授業もある。教師は生徒に、批判的思考の価値を分かってほしいのである。この教師の歴史授業は、科学志向のアプローチに位置づけられる。別の歴史教師では、歴史授業がアイデンティティを生み出し、市民教育として機能し、現在の問題を理解するのに役立つことが重要であるとされる。また別の教師には、歴史は過去についての語りである。

　「教室における冷戦」や「自国の歴史の授業」といったプロジェクトでの教室観察、多くの専門的な議論[7]に基づいた理論的研究を経て、歴史における4つの異なる教授学的立場を位置づけることができるという仮説が強固なものになった。これらの教授学的立場は、「ビリーフ」とも呼ばれる。私

たちは、教師の歴史固有のビリーフを、歴史とは何か、何のためにあるのか
についての比較的確固とした判断を伴い、影響力を持つ考え方とみなす[8]。
4 つのビリーフとは以下である。

　　- 学問としての歴史
　　- アイデンティティをもたらすものとしての歴史
　　- 現在と未来の師としての歴史
　　- 語りとしての歴史

　しかし、これら 4 つの想定される構成概念が実際に存在するかどうかを証
明するためには、実証的な検証が必要である。

5．教師の多様な歴史固有のビリーフに関する実証的調査

　（上述の）想定されるビリーフの最初の実証的調査で検証されるべき問題は、
以下であった。理論的に想定される 4 つの構成概念（「学問としての歴史」、「ア
イデンティティをもたらすものとしての歴史」、「現在と未来の師としての歴史」、「語
りとしての歴史」）は、この目的のために新たに開発した質問紙を用いて扱う
ことができるのか。

質問紙
　一般的な導入の後、「私は……と確信している」に、30 項目の記述（例えば、
「……歴史は私たちが現在をよりよく理解するのに役立つ」）が続く。回答形式は、
（1）「とてもそう思う」、（2）「そう思う」、（3）「どちらかと言えばそう思
う」、（4）「どちらかと言えばそう思わない」、（5）「そう思わない」、（6）
「全くそう思わない」の 6 段階であった。

サンプル

サンプルは $N=161$ 名（教師：$n=80$ 名、生徒：$n=81$ 名）である。1つ以上の欠損値がある人を除いた150名（教師：$n=71$、生徒：$n=79$）が分析対象である。

統計処理

第1段階で記述分析、第2段階で探索的因子分析（主因子法、斜交回転（直接オブリミン））を行い、第3段階で信頼性を算出した（クロンバック α）。全ての分析は、IBM SPSS 27 で行った。

結果

記述分析の結果、ほとんどの項目において歪度が高く、正規分布ではないことが示された。回答者は、記述に対して不同意よりも、同意の傾向があった。現時点で探索的因子分析の結果を現在のサンプル以外の別のサンプルに一般化するつもりはないため、今回のケースでは回答が正規分布に従っていないことはそれほど重要ではない。同様に、分布の正規性の検定もさしあたっては重要ではない（Field, 2013を参照）。

全30項目での最初の探索的因子分析では、固有値1以上の因子を採用するカイザー基準とスクリープロット双方に基づいて、6因子解が示された。回転後の因子負荷量を検討した結果、5つの項目が除外された。これらの5つの項目のうちの3項目はいずれの因子にも高い負荷量を示さず、また負荷量自体もかなり低かった。2つの項目は第5因子と第6因子にそれぞれ高い負荷量を示したが、他の因子にはほとんど負荷量が認められなかった。

残りの25項目でのさらなる探索的因子分析では、カイザー基準（固有値が1以上）に従って5因子解が得られた。しかし、第5因子の固有値は1.02であり、1をわずかに上回っただけであった。一方、スクリープロットは明らかに4因子解を示した。4因子解が望ましいと考えられたため、これを以下

で詳細に述べる。

　4 因子の組み合わせで分散の59.60％が説明されていた。Hutcheson and
Sofroniou（1999）に基づくならば、Kaiser-Meyer-Olkin（KMO）の値は、「並」
（middling）から「価値のある」（meritorious）程度の標本妥当性を示している
（KMO = .78）。各項目の KMO の値はすべて0.68 より大きく、この値は、許
容限界の0.50以上である（Field, 2013）。表 8-1 は、回転後の因子負荷量、固
有値と説明される分散の割合（％）、4 因子の信頼性（内的整合性）を示す。

　Stevens（2002）は、因子負荷量の解釈を、絶対値.40で始めることを推奨
している。各因子のすべての主要な負荷量（太字）はこの値をはるかに上回
り、他の因子へのすべての低い負荷量はこの値をはるかに下回る。同じ因子
に集まった項目は、第 1 因子が「アイデンティティをもたらすものとしての
歴史」、第 2 因子が「語りとしての歴史」、第 3 因子が「学問としての歴史」、
第 4 因子が「現在と未来の師としての歴史」であることを示す。

　4 つの因子の相関行列は、$r = -.33$ から $r = .09$ の間の値を示した。つま
り、各因子は完全に独立しているわけではないが、その相関はかなり小さい。
理論的な発想からすれば、因子は相互に独立であることが期待されるが（図
8-3 参照）、ビリーフのような心理的な構成概念ではそのようになることはほ
とんどない（Field, 2013）。

　4 つの因子の一次元性も検証し、確認した。4 つの因子すべてにおいて、
カイザー基準も、スクリープロットも一次元性を示している。また、表 8-1
では、4 つの因子すべてのクロンバック α が.80を超えており、良好な信頼
性を示している（Kline, 1999）。4 因子の項目合計統計量（修正済み項目合計相
関）では、いずれの場合も値が、ある項目を他の項目と併用する際の下限と
される.30を大きく上回っていることが明らかとなった（Field, 2013）。

結論

　私たちは、理論的に想定される以下の 4 つの構成概念を、基礎となるサン

表 8-1　4 因子解の探索的因子分析結果のまとめ

項目	回転後の因子負荷量			
私は…と確信している	アイデンティティをもたらすものとしての歴史	語りとしての歴史	学問としての歴史	現在と未来の師としての歴史
…歴史は私たちが現在をより良く理解するのに役立つ	− .08	− .04	.10	**− .72**
…歴史は過去と現在と未来の意義ある関連を作り出すことができる	− .01	.11	− .02	**− .69**
…歴史は現在の社会がどのように成立したのかを説明する	.19	− .02	.00	**− .63**
…歴史は私たちに未来のための方向性を提示する	.23	.21	− .11	**− .64**
…歴史は現在の諸問題を考察するのに有意義である	.00	− .14	.06	**− .83**
…歴史は私たちの師である	.18	.18	− .13	**− .58**
…歴史は出来事の原因と結果を理解できるようにする	− .11	.03	**.72**	− .17
…歴史はフェイクニュースを見分けるのに役立つ	.07	− .08	**.64**	.00
…過去に関する一貫性のあるイメージを獲得するために、複数の史資料を比較しなくてはならない	.09	.01	**.75**	− .03
…歴史の事柄は歴史学の方法で探究されなくてはならない	.07	− .04	**.73**	.05
…私たちが史資料を分析、検証して、表現する時に、歴史が成立する	.08	.14	**.51**	.20
…歴史に関わることは批判的思考を伸ばしてくれる	− .07	.02	**.72**	− .08
…歴史の知識はすぐれた教養のために重要である	− .14	**.58**	.18	− .09
…歴史は私たちに以前がどのようであったのかを示す	− .04	**.68**	− .13	− .25
…時代証言は歴史の理解に役立つ	− .13	**.62**	− .08	.08
…私たちは歴史から教訓を見出すことができる	.15	**.74**	.00	.00
…歴史は私たちに過去に関する知識を身につけさせてくれる	− .03	**.64**	.17	.02
…私たちは歴史を理解するために、過去の事実を多く認識しなくてはならない	.04	**.64**	.02	.05
…歴史を通して国家の一員としての自覚が促される	.13	**.66**	− .09	− .01
…歴史はどのような経緯で今の私たちに至ったのかを示してくれる	**.60**	.09	.10	− .19

…歴史を通して価値観が伝達される	**.75**	.04	.04	−.04
…歴史を通して国際社会の一員としての自覚が促される	**.68**	−.02	.04	−.05
…歴史は私たちにどのような価値が重要であるのかを示してくれる	**.80**	.08	.06	.02
…歴史はアイデンティティを引き起こす	**.72**	−.14	.02	−.05
…歴史を通して国家の意識が形成される	**.81**	−.04	−.09	.06
固有値	5.80	3.49	3.42	2.19
分散の %	23.22	13.94	13.68	8.77
α	.88	.83	.83	.86
修正済み項目合計相関	.63−.73	.49−.65	.51−.68	.58−.76

プルにおいて明確に確認し、確実に測定することに成功した。

- 学問としての歴史

- アイデンティティをもたらすものとしての歴史

- 現在と未来の師としての歴史

- 語りとしての歴史

考察

　総合して、この最初の試みの結果は、この手法のさらなる発展に向けて非常に有望であると考える。ここで、特に2つのことを指摘しておくべきである。第1に、より洗練された分析手法（例えば、確証的因子分析）を用いるためには、サンプルを大幅に増やさなくてはならないであろう。第2に、サンプルの分布の偏りは、おそらくパーセリング（日本語では小包化と呼ばれ、2つ以上の項目の合計得点または平均得点を観測変数として利用する方法：訳者注）によって対処できる問題である（例えば、Bandalos & Finney, 2001; Little, Cunningham, Shahar, & Widaman, 2002; Matsunaga, 2008を参照）。しかし、この場合、各構成概念につき、さらに多くの項目が必要になるであろう。構成概念ごとに9つ以上の項目が望ましいだろう。

　我々や、例えば Thorpe（2016）、Karlson（2018）、Nitsche（2019）、Bernhard

（2022）にとって、教師の教科固有のビリーフを突き止めることは極めて重要であると思われる。なぜなら、これら教科固有のビリーフが、一般には歴史に関わる実践、具体的には生徒の知識や態度に影響を与えるからである。この意味で、上記の4つのビリーフに加えて、教師を歴史の指導へと導く可能性がある別のビリーフがあるかどうかが問われなくてはならない。注入、神話化などの目的をもったビリーフもありえる。

　さらに、McAuley, Duncan & Russell（1992）が原因帰属のケースで行ったように、様々なビリーフを次元構造に位置づけることは、理論的にも興味深く、実証的分析にも実り多いものとなるであろう。これは、例えば、ある場合には、より予算のかからない分析モデルが使用できるという利点がある。この考えによると、今回の4つのビリーフの場合、2つの次元を基礎として選ぶことができる。第1に、歴史教育は、歴史の基本的な次元である「時間」を志向する。歴史教育は、過去により重点を置くか、現在と未来により重点を置くかである。第2に、歴史教育は教育学の基本的なカテゴリーに方向づけられ、能力に重点を置くか、文化化に重点を置くかである。そして、これは次頁のモデルに帰結する。

　もちろん、教師の多様な歴史固有のビリーフが他の研究でも実証されるかどうか、また、これらの様々なビリーフがどのように関係し、相関するのかを究明するために、さらなる研究が必要である。しかし、それと同じくらい重要なのは、なぜ学校や社会一般において歴史を教えるべきなのかという問いについて考え続けることである。一方では、考えつく答えの多様性を知ることは、自分の立場を客観的に捉えることを可能にする。他方で、知識は視野を広げ、新たな視点を切り開く。これらが、これからの歴史教育に必要であることは間違いない。

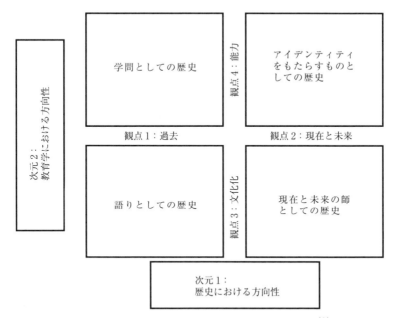

図 8-3　教師の多様な歴史固有のビリーフのモデル[9]

【註】
（1）2021 年 9 月 21日のルツェルンでの「なぜ歴史教育なのか？」という会議での発表。
（2）クルト・ブルガー氏の翻訳に感謝する。http://www.swissamericanlanguageex
pert.ch/
（3）図 8-1、図 8-2 の作成における多大なご協力に対してジャニナ・ティーマン氏
に感謝する。
（4）ドイツ語版アプリは、通常のプラットフォーム（App Store、Google Play）、
Windows アプリケーション用のウェブサイト http://www.erinnern.at/app-fliehen
（最終アクセス2022年 6 月 8 日）から無料で入手することができる。
（5）フランス語版も、通常のプラットフォーム、ウェブサイト https://www.fuir-la-
shoah.ch（最終アクセス2022年 6 月 8 日）で利用できる。
（6）https://www.whenwedisappear.com/edu（最終アクセス2022年 6 月 8 日）.
（7）特に、ナディーネ・フィンク、ニコル・リートヴェック、ミシェル・シャリエ

202

ール、ジャスミン・シュテーガー、2022年春学期にルツェルン教育大学で行われた
研究ワークショップに参加した歴史教授学の学生には、多くの示唆に対して感謝す
る。
（8）専門用語については、以下の論考でより詳細に扱い、説明している。Riedweg,
N., & Gautschi, P.（2020）. Der Einfluss geschichtsspezifischer Überzeugungen von
Lehrpersonen auf die Vermittlung der Geschichte des eigenen Landes. In N. Fink,
M. Furrer & P. Gautschi（Eds.）. *The Teaching of the History of One's Own Country:
International Experiences in a Comparative Perspective*（pp. 170-183）. Wochenschau
Verlag.
（9）特にナディーネ・フィンクには、このモデルの構造に関する多くの議論に対し
て感謝する。彼女が一緒に考えてくれなければ、このモデルを今こうして提示する
ことはできなかったであろう。

参考文献

Assmann, Aleida: Ist die Zeit aus den Fugen? Aufstieg und Fall des Zeitregimes der
Moderne. Hanser 2013. Retrieved from http://hsozkult.geschichte.hu-berlin.de/
rezensionen/2014-1-183（08.06.2022）.

Bandalos, D. L., & Finney, S. J.（2001）. Item parceling issues in structural equation
modelling. In G. A. Marcoulides & R. E. Schumacker（Eds）, *New developments
and techniques in structural equation modelling*（pp. 269-296）. Lawrence
Erlbaum Associates.

Bergmann, Klaus: Identität. In: Bergmann, Klaus/ Fröhlich, Klaus/ Kuhn, Annette/
Rüsen, Jörn/ Schneider, Gerhard（Hrsg.）: Handbuch der Geschichtsdidaktik（5.
Aufl.）. Kallmeyer'sche Verlagsbuchhandlung 1997, S. 23-28.

Bernhard, Roland: Geschichte für das Leben lernen. Der Bildungswert des Faches in
den Überzeugungen österreichischer Lehrkräfte. Wochenschau Verlag 2021.

Binnenkade, A.（2015）. Doing Memory: Teaching as a Discursive Node. *Journal of
Educational Media, Memory, and Society, 7*(2), 29-43. In https://doi.
org/10.3167/jemms.2015.070203

Bonhage, Barbara/ Gautschi, Peter/ Hodel, Jan/ Spuhler, Gregor: Hinschauen und
Nachfragen. Die Schweiz und die Zeit des Nationalsozialismus im Licht aktueller
Fragen. Lehrmittelverlag Zürich 2006.

Bourdieu, Pierre: Entwurf einer Theorie der Praxis auf der ethnologischen Grundlage der kabylischen Gesellschaft. Suhrkamp 1976.

Brauer, Juliane/ Lücke, Martin (Hrsg.): Eckert. Die Schriftenreihe Band 133. Emotionen, Geschichte und historisches Lernen. Geschichtsdidaktische und geschichtskulturelle Perspektiven. V & R unipress 2013.

Buck, Thomas Martin: Lebenswelt- und Gegenwartsbezug. In: Barricelli, Michele/ Lücke, Martin (Hrsg.): Wochenschau Geschichte: Band 1. Handbuch Praxis des Geschichtsunterrichts (1. Aufl.). Wochenschau Verlag 2012, S. 289-301.

Buschkühle, Carl-Peter/ Duncker, Ludwig/ Oswalt, Vadim (Hrsg.): Bildung zwischen Standardisierung und Heterogenität — ein interdisziplinärer Diskurs. VS Verlag für Sozialwissenschaften 2009. In: https://doi.org/10.1007/978-3-531-91962-1

Christophe, B., Gautschi, P., & Thorp, R. (Eds). (2019). *The Cold War in the Classroom. International Perspectives on Textbooks and Memory Practices.* Springer.

Diederich, Jürgen: Didaktisches Denken. Eine Einführung in Anspruch und Aufgabe, Möglichkeiten und Grenzen der Allgemeinen Didaktik. Juventa Verlag 1988.

Dreßler, Jens: Vom Sinn des Lernens an der Geschichte. Historische Bildung in schultheoretischer Sicht (1. Aufl.). Geschichte im Unterricht: Band 8. Kohlhammer 2012.

Eckmann, M., Stevick, D., & Ambrosewicz-Jacobs, J. (2017). *Research in Teaching and Learning about the Holocaust. A Dialogue Beyond Borders.* Metropol Verlag.

Field, A. P. (2013). *Discovering statistics using IBM SPSS Statistics: And sex and drugs and rock 'n' roll* (4th ed.). Sage.

Fink, Nadine: Geschichte vermitteln um kritisches Denken auszubilden? *Public History Weekly, 5*(27) 2017. In https://doi.org/10.1515/phw-2017-9697

Fink, N. (2018). The Force of Fiction. *Public History Weekly, 6*(5). In 執筆時の URL https://doi.org/10.1515/phw-2018-11199 は現在不通。現在の URL は、https://public-history-weekly.degruyter.com/6-2018--5/the-force-of-fiction/

Fink, Nadine/ Gautschi, Peter: Interdisciplinarité et pluridisciplinarité dans l'enseignement de l'histoire en Suisse romande et alémanique. Revue internationale de didactique de l'histoire et des sciences sociales. International journal for history and social sciences education, 2, 2017, 73-88.

Furrer, M., & Gautschi, P. (Eds). (2017). *Remembering and Recounting the Cold War. Commonly Shared History?* Wochenschau Verlag.

Gatzka, C. (2019). National Socialism: What We Can Learn Today. *Public History*

Weekly, 7(14). In https://doi.org/10.1515/phw-2019-13731

Gautschi, Peter: Geschichtsunterricht erforschen — eine aktuelle Notwendigkeit. In: Gautschi, Peter/ Moser, Daniel V. / Reusser, Kurt/ Wiher, Pit (Hrsg.) Geschichtsdidaktik heute. Eine empirische Analyse ausgewählter Aspekte (1. Aufl.). hep verlag 2007, S. 21–59.

Gautschi, Peter: Guter Geschichtsunterricht. Grundlagen, Erkenntnisse, Hinweise. Zugl.: Kassel, Univ., Diss., 2009 (3. Aufl.). Forum historisches Lernen. Wochenschau Verlag 2015.

Gautschi, P. (2018). Gamification as a Miracle Cure for Public History? Gamification als Zaubermittel für Geschichtsvermittlung? *Public History Weekly, 6*(37). In https://doi.org/10.1515/phw-2018-13011

Gautschi, Peter: Lehrer/-innenbildung für das Integrationsfach «Gesellschaftswissenschaften». Impulse, Kernideen, Perspektiven. Zeitschrift für Didaktik der Gesellschaftswissenschaften, 10(2), 2019, S. 43–74.

Gautschi, P. (2019). What Influences Public History the Most. *Public History Weekly, 7*(19). In https://doi.org/10.1515/phw-2019-13911

Gautschi, Peter/ Bernhardt, Markus/ Mayer, Ulrich: Guter Geschichtsunterricht — Prinzipien. In: Barricelli, Michele/ Lücke, Martin (Hrsg.): Wochenschau Geschichte: Band 1. Handbuch Praxis des Geschichtsunterrichts (1. Aufl.). Wochenschau Verlag 2012, S. 326–348.

Gautschi, Peter/ Lücke, Martin: Historisches Lernen im digitalen Klassenzimmer. Das Projekt «Shoa im schulischen Alltag». In: Sandkühler, Thomas/ Bühl-Gramer, Charlotte/ John, Anke/ Schwabe, Astrid/ Bernhardt, Markus (Hrsg.): Beihefte zur Zeitschrift für Geschichtsdidaktik: Band 17. Geschichtsunterricht im 21. Jahrhundert: Eine geschichtsdidaktische Standortbestimmung (1. Aufl.). V & R unipress 2018, S. 465–485.

Gautschi, P., Christophe, B., & Thorp, R. (2019). Introduction to Part Three: Memory Practices in the Classroom. In B. Christophe, P. Gautschi & R. Thorp (Eds), *The Cold War in the Classroom. International Perspectives on Textbooks and Memory Practices* (pp. 347–359). Springer.

Giere, Daniel: Computerspiele — Medienbildung — historisches Lernen. Zu Repräsentation und Rezeption von Geschichte in digitalen Spielen. Forum historisches Lernen. Wochenschau Verlag 2019.

Gruschka, Andreas: Das Kreuz mit der Vermittlung. In: Stadtfeld, Peter/ Dieckmann, Bernhard (Hrsg.): Allgemeine Didaktik im Wandel. Klinkhardt 2005, S. 13-37.

Gumbrecht, Hans Ulrich: Unsere breite Gegenwart (F. Born, Trans.) (1. Aufl.). Edition Suhrkamp: Band 2627. Suhrkamp 2010.

Hattie, J. (2003). Teachers Make a Difference. What is the research evidence? Paper presented at the Building Teacher Quality, Australian Council for Educational Research. In https://research.acer.edu.au/research_conference_2003/4/ (08.06.2022).

Henke-Bockschatz, Gerhard/ Mayer, Ulrich/ Oswalt, Vadim: Historische Bildung als Dimension eines Kerncurriculums moderner Allgemeinbildung. Geschichte in Wissenschaft und Unterricht, 56(12), 2005, S. 703-710.

Hewson, M. (2010). 'Agency'. In A. J. Mills, G. Eurepos & E. Wiebe (Eds), *Encyclopedia of Case Study Research* (pp. 12-16). Sage.

Humboldt, Wilhelm von: Gesammelte Schriften/ 1785-1795 (Reprint 2015). Wilhelm von Humboldts gesammelte Schriften: Band 1. Erste Abteilung. Werke 1. De Gruyter 1903. In: https://doi.org/10.1515/9783110818284

Hutcheson, G., & Sofroniou, N. (1999). *The Multivariate Social Scientist*, Sage.

Karlsson, Klas-Göran: Why History Education? In: Sandkühler, Thomas/ Bühl-Gramer, Charlotte/ John, Anke/ Schwabe, Astrid/ Bernhardt, Markus (Hrsg.): Beihefte zur Zeitschrift für Geschichtsdidaktik: Band 17. Geschichtsunterricht im 21. Jahrhundert. Eine geschichtsdidaktische Standortbestimmung (1. Aufl.). V & R unipress 2018, S. 43-49.

Klafki, Wolfgang: Neue Studien zur Bildungstheorie und Didaktik. Beiträge zur kritisch-konstruktiven Didaktik. Beltz 1985.

Kline, P. (1999). *The handbook of psychological testing* (2nd ed.), Routledge.

Knoch, Habbo: Grenzen der Immersion. Die Erinnerung an den Holocaust und das Zeitalter der Digitalität. In: Fröhlich, Claudia/ Schmid, Harald (Hrsg.): Jahrbuch für Politik und Geschichte: Band 7. 2016-2019. Virtuelle Erinnerungskulturen. Franz Steiner Verlag 2020, S. 15-44.

Little, T. D., Cunningham, W. A., Shahar, G., & Widaman, K. F. (2002). To parcel or not to parcel: exploring the question, weighing the merits. *Structural Equation Modeling, 9*(2), 151-173.

Lücke, Martin: Multiperspektivität, Kontroversität, Pluralität. In: Michele Barricelli/

Martin Lücke (Hrsg.): Handbuch Praxis des Geschichtsunterrichts, Band 1 (2. Aufl.). Wochenschau Verlag 2017, S. 281-288.

Maissen, Thomas: Verweigerte Erinnerung. Nachrichtenlose Vermögen und Schweizer Weltkriegsdebatte 1989-2004. Verl. Neue Zürcher Zeitung 2005.

Marchal, Guy Paul: Schweizer Gebrauchsgeschichte. Geschichtsbilder, Mythenbildung und nationale Identität (2., unveränd. Aufl.). Schwabe 2007.

Matsunaga, M. (2008). Item parceling in structural equation modeling. A primer. *Communication Methods and Measures, 2*(4), 260-293.

Mayer, Ulrich: Qualitätsmerkmale historischer Bildung. Geschichtsdidaktische Kategorien als Kriterien zur Bestimmung und Sicherung der fachdidaktischen Qualität des historischen Lernens. In: Hansmann, Wilfried/ Hoyer, Timo (Hrsg.): Zeitgeschichte und historische Bildung. Festschrift für Dietfrid Krause-Vilmar. Jenior Verlag 2005, S. 223-243.

McAuley, E., Duncan, T. E., & Russell, D. W. (1992). Measuring causal attributions. The revised Causal Dimension Scale (CDSII). *Personality and Social Psychology Bulletin, 18*(5), 566-573.

McCall, J. (2019). Playing with the Past. History and Video Games (and why it might matter). *Journal of Geek Studies, 6*(1), 29-48.

Moller, Sabine: Zeitgeschichte sehen. Die Aneignung von Vergangenheit durch Filme und ihre Zuschauer. Deep focus: Vol. 27. Bertz + Fischer 2018.

Mütter, Bernd: Historische Zunft und historische Bildung. Beiträge zur geisteswissenschaftlichen Geschichtsdidaktik. Schriften zur Geschichtsdidaktik: Band 2. Deutscher Studien Verlag 1995.

Nietzsche, Friedrich: Vom Nutzen und Nachteil der Historie für das Leben: (Erstveröffentlichung 1874 in Basel als zweite der «Unzeitgemässen Betrachtungen»). Diogenes Verlag 1984.

Nitsche, Martin: Beliefs von Geschichtslehrpersonen — eine Triangulationsstudie (Geschichtsdidaktik heute 10). hep verlag 2019. In: https://doi.org/10.36933/9783035516005.

Pandel, Hans-Jürgen: Geschichtsunterricht nach PISA. Kompetenzen, Bildungsstandards und Kerncurricula. Wochenschau Geschichte, Wochenschau Verlag 2005.

Pandel, Hans-Jürgen: Geschichtsdidaktik. Eine Theorie für die Praxis. Wochenschau

Geschichte, Wochenschau Verlag 2013.

Pandel, Hans-Jürgen: Geschichtstheorie. Eine Historik für Schülerinnen und Schüler — aber auch für ihre Lehrer. Forum historisches Lernen. Wochenschau Verlag 2017.

Riedweg, N., & Gautschi, P. (2020). Der Einfluss geschichtsspezifischer Überzeugungen von Lehrpersonen auf die Vermittlung der Geschichte des eigenen Landes. In N. Fink, M. Furrer & P. Gautschi (Eds), *The Teaching of the History of One's Own Country: International Experiences in a Comparative Perspective* (pp. 170-183). Wochenschau Verlag.

Rüsen, Jörn: Objektivität. In: Bergmann, Klaus/ Fröhlich, Klaus/ Kuhn, Annette/ Rüsen, Jörn/ Schneider, Gerhard (Hrsg.): Handbuch der Geschichtsdidaktik (5. Aufl.). Kallmeyer'sche Verlagsbuchhandlung 1997, S. 160-163.

Rüsen, Jörn: Historik. Theorie der Geschichtswissenschaft. Böhlau Verlag 2013.

Rüsen, Jörn: Geschichtskultur, Bildung und Identität. Über Grundlagen der Geschichtsdidaktik. Geschichtsdidaktik diskursiv — Public History und Historisches Denken. Peter Lang 2020.

Sander, Wolfgang: Bildung — zur Einführung in das Schwerpunktthema. Zeitschrift für Didaktik der Gesellschaftswissenschaften, 5(2), 2014, S. 7-15.

Sander, Wolfgang: Bildung — ein kulturelles Erbe für die Weltgesellschaft. Wochenschau Verlag 2018.

Schapp, Wilhelm: In Geschichten verstrickt. Zum Sein von Mensch und Ding (5. Aufl.). Klostermann Rote Reihe: Band 10. Klostermann 2012.

Schär, Bernhard C/ Sperisen, Vera: Zum Eigensinn von Lehrpersonen im Umgang mit Lehrbüchern. Das Beispiel "Hinschauen und Nachfragen". In: Hodel, Jan/ Ziegler, Béatrice (Hrsg.): Forschungswerkstatt Geschichtsdidaktik 09. Beiträge zur Tagung "geschichtsdidaktik empirisch 09". hep verlag 2011, S. 124-134.

Schillig, Anne: Based on true Events ... Konstruktion historischer Erzählungen in Videogames am Beispiel des Spiels "When We Disappear". Zeitschrift für Didaktik der Gesellschaftswissenschaften, 12(2), 2021, S. 204-210.

Schneider, Gerhard: Personalisierung/ Personifizierung. In: Barricelli, Michele/ Lücke, Martin (Hrsg.): Handbuch Praxis des Geschichtsunterrichts, Band 1 (2. Aufl.). Wochenschau Verlag 2017, S. 302-315.

Stalder, Felix: Kultur der Digitalität. Edition Suhrkamp: Band 2679. Suhrkamp 2016.

208

Stevens, J. P. (2002). *Applied multivariate statistics for social sciences* (4th ed.). Erlbaum.

Thorpe, R. (2016). *Uses of History in History Education.* Umeå Studies in History and Education 13. Umeå University & Dalarna University. In https://www.divaportal.org/smash/get/diva2:952904/FULLTEXT01.pdf (08.06.2022)

Thünemann, Holger: Geschichtskultur revisited. Versuch einer Bilanz nach drei Jahrzehnten. In: Sandkühler, Thomas/ Blanke, Horst Walter (Hrsg.): Beiträge zur Geschichtskultur: Band 39. Historisierung der Historik. Jörn Rüsen zum 80. Geburtstag. Böhlau Verlag 2018, S. 127-149.

Völkel, Bärbel: Inklusive Geschichtsdidaktik. Vom inneren Zeitbewusstsein zur dialogischen Geschichte. Wochenschau Wissenschaft. Wochenschau Verlag 2017.

Weinert, Franz. Emanuel: Vergleichende Leistungsmessung in Schulen — eine umstrittene Selbstverständlichkeit. In: Weinert, Franz Emanuel (Hrsg.): Leistungsmessungen in Schulen. Beltz, 2001, S. 17-31.

Wikipedia (2021) Bildung. In: https://de.wikipedia.org/wiki/Bildung_ (08.06.2022)

お わ り に

　本研究は、国際・国内研究の文脈を踏まえて、歴史教師のビリーフを研究する目的と方法を検討し、その目的と方法に即した日本とスイスとカナダの歴史教師のビリーフ調査から三か国の実態を解明することで、日本の歴史教育改革を考察することをめざした。

　歴史教師のビリーフに関する理論的・実証的考察から明らかとなった成果は以下の5点である。第1は、歴史教師のビリーフの構造規定を示したことである。英米圏やドイツ語圏のビリーフ研究の成果を踏まえ、歴史理論的ビリーフ（認識論的ビリーフ）と歴史教授学的ビリーフという構造規定を援用することで、歴史教師のビリーフ調査を実施する理論的基盤を提示した。

　第2は、歴史教師のビリーフを調査する研究方法を提起したことである。歴史教師のビリーフの構造規定と歴史教師のビリーフを捉える枠組みを結びつけることで、ビリーフ調査のための質問項目を開発した。これら質問項目から歴史理論的ビリーフと歴史教授学的ビリーフからなる歴史教師のビリーフの傾向性、両ビリーフ内や両ビリーフ間、歴史教師の教育的営みの領域内、領域間の相関関係、選択式項目と記述式項目の対応関係を分析するという研究方法を構想した。

　第3は、教師教育に寄与する歴史教師のビリーフ研究の枠組みを提起したことである。ビリーフを教師のプロフェッショナル・コンピテンシーに位置づけることで、プロフェッショナル・コンピテンシーをスタンダード化するためのビリーフ研究という教師教育にとり意義あるビリーフ研究の方向性を明らかにすることができた。

　第4は、日本、スイス、カナダの歴史教師の歴史理論的ビリーフ（認識論的ビリーフ）の特性を解明したことである。三か国の歴史教師のビリーフ調

査結果の分析から、日本の歴史教師は理解した過去の事実に基づいて現在の諸問題や未来の方向性を考察すること、スイスの歴史教師は歴史学の研究方法に基づいて史資料を読解し、歴史解釈を形成すること、カナダの歴史教師は歴史学的な概念や理論に基づきつつ、現代的な問題関心や未来の方向性から過去を説明し、表現することを歴史を学ぶ意義と捉えており、三か国で異なる歴史理論的ビリーフ（認識論的ビリーフ）の傾向性を提示することができた。

第5は、歴史教師のビリーフの観点から、日本の歴史教育改革に向けて問題提起したことである。日本の歴史教師と実習生の比較、歴史教師の歴史理論的ビリーフの特性を踏まえ、歴史教師と実習生のビリーフが内容志向にとどまっているために、資質・能力志向への歴史教育改革を進展させることはスイスやカナダと比較しても、極めて困難な憂慮すべき現状にあることを描き出した。

以上の成果から、「はじめに」で提示した、①三か国の歴史教師のビリーフを比較し、国別のビリーフの特性を解明する、②歴史教師のビリーフの観点から歴史教育改革の展望を示す、③歴史教師のビリーフ研究という新しい研究領域を開拓するという3つの意義が達成されたといえる。意義①は第4の成果、意義②は第5の成果で果たされた。これら5点の成果から、本研究は歴史教育改革にとどまらず、教師教育にも重要な役割を果たす歴史教師のビリーフ研究という新しい研究領域を開拓したといえよう。

本研究において残された課題は、以下の3点である。第1は、歴史教授学的ビリーフの解明である。本研究は、歴史理論的ビリーフ（認識論的ビリーフ）の調査に限定していたため、今後は歴史教授学的ビリーフの調査も実施し、より詳細なビリーフの解明を進める必要がある。第2は、教師教育としてのビリーフ研究の検討である。本研究は、歴史教育改革を展望するビリーフ研究であったため、プロフェッショナル・コンピテンシーに位置づけた教師教育としてのビリーフ研究には踏み込むことができなかった。第3は、歴

史教師のビリーフの変容に向けた考察である。本研究は歴史教師のビリーフの特性から歴史教育改革を考察したため、歴史教師のビリーフはどうすれば変えることができるのかという検討には至らなかった。この検討は、教師教育としてのビリーフ研究を通して解明することができる今後の重要な研究課題である。今後、歴史教師のビリーフ研究の更なる精緻化を図りたい。

　今回の歴史理論的ビリーフ（認識論的ビリーフ）の調査では、調査の前段階において日本の歴史教師のビリーフが内容志向の傾向を示すことは予測していたものの、想定以上に内容志向、実用主義の傾向を有していることが明らかとなった。結果として、本書は、資質・能力志向への転換を図る教育動向において、その動向に応える歴史教師のビリーフに至っていないという問題を提起することになった。この問題提起が、資質・能力志向への転換に寄与することを願うばかりである。

　本書を上梓するにあたり、多くの方々から多大なるご協力をいただいた。まず、科研の研究分担者、研究協力者となってくださった先生方である。二井正浩先生、原田信之先生、上杉嘉見先生は科研での研究にご協力くださり、本書においてもそれぞれ貴重な論考をご執筆くださった。とりわけ、原田信之先生にはペーター・ガウチ先生との国際プロジェクトから常に支えていただくとともに、本書の共同編者としても多くのアドバイスをいただいた。二井正浩先生には歴史教育学者の立場から、本書全体、とりわけ、第7章の論述において貴重なご示唆をいただいた。猫田英伸先生は研究協力者として、三か国のビリーフ調査結果の統計分析をしてくださり、第7章の共同執筆者になっていただいた。さらに、第8章のスイスの歴史教師のビリーフの統計分析に関する邦訳においても貴重な助言をいただいた。猫田先生のお力添えがなければ本書の上梓は不可能であり、心から感謝を申し上げたい。歴史教師のビリーフに関する国際プロジェクトの代表者で、科研の研究協力者でもあるペーター・ガウチ先生との出会いがなければ、歴史教師のビリーフを研究する機会はありえなかった。質問紙の作成から分析、分析結果のまとめに

至る研究のあらゆる過程において常にアドバイスをくださり、執筆された論考の本書への掲載もご快諾くださった。第6章となった論考の掲載については、Wochenschau 出版社のテッサ・デブース氏に深く感謝申し上げる。サブリナ・モイザン先生には科研の研究協力者としてカナダでの発表の機会をいただいたとともに、質問紙調査も実施してくださった。モイザン先生のご協力により、日本・スイス・カナダ三か国の異なる歴史教師のビリーフを描き出すことができた。

　日本の歴史教師のプレアンケートや追加で実施した質問紙調査では、長谷川博史先生（島根大学教育学部）、中村怜詞先生（島根大学教育学部）、島根大学教育学部共生社会教育専攻の学生の皆さん、私の大学時代の友人や後輩に協力していただいた。とりわけ、追加の質問紙調査では、濱野清先生（元広島県立教育センター、現広島大学教育室教育部）、藤田淳先生（東京都港区立高松中学校）にご尽力いただいたおかげで迅速に収集することができた。そして、本書出版を快くお引き受けくださった風間書房社長風間敬子氏、編集の労をとってくださった斉藤宗親氏に厚くお礼を申し上げる。ここに挙げさせていただいた皆様方のご協力に心から感謝を申し上げることで本書を締めくくりたい。

宇都宮明子

　本書の第1～3章、5章は、以下の論文を加筆・修正したものである。

　第1章：原田信之「教職専門性の深部に迫るコンピテンシー構成要素―ドイツ教授学における教師のビリーフ研究―」名古屋市立大学大学院人間文化研究科編『人間文化研究』第34号、2020年、pp. 29-43。
　第2章：上杉嘉見「教師のビリーフ研究の展開と課題―アメリカを中心とした研究史を手がかりに―」『東京学芸大学次世代教育研究センター紀要』第2巻、2021年、pp. 17-24。
　第3章：宇都宮明子「スイスドイツ語圏における歴史教師のビリーフ研究に関する考察―日本でのビリーフ調査の実施に向けて―」『島根大学教育学部紀要』第53巻、2020年、pp. 27-36。
　第5章：宇都宮明子「歴史教師のビリーフに関する研究方法論の考察―ビリーフ調査の質問項目の開発を通して―」『島根大学教育学部紀要』第55巻、2022年、pp. 53-61。

執 筆 者 紹 介

編著者

宇都宮　明子（うつのみや　あきこ）
島根大学教育学部准教授。博士（教育学）。博士（人間文化）。
主著は、『現代ドイツ中等歴史学習論改革に関する研究―現実的変革の論理―』（風間書房、2013年）、『教師教育講座　第13巻　中等社会系教育』（共著、協同出版、2014年）、『新しい歴史教育論の構築に向けた日独歴史意識研究―構成的意味形成を図る日本史授業開発のために―』（風間書房、2020年）など。

原田　信之（はらだ　のぶゆき）
名古屋市立大学大学院人間文化研究科教授。博士（教育学）。
主著は、『ドイツの統合教科カリキュラム改革』（ミネルヴァ書房、2010年）、『ドイツの協同学習と汎用的能力の育成』（あいり出版、2016年）、『カリキュラム・マネジメントと授業の質保証―各国の事例の比較から―』（編著、北大路書房、2018年）など。

著者

アレックス・ブッフ（Alex Buff）
チューリッヒ教育大学教授。博士。
主著は、Activating positive affective experiences in the classroom: "Nice to have" or something more? *Learning and Instruction, 21* (3), 2011 (Co-author), Enjoyment of learning and its personal antecedents: Testing the change-change assumption of the control-value theory of achievement emotions. *Learning and Individual Differences, 31*, 2014, Parental support and enjoyment of learning in mathematics: Does change in parental support predict change in enjoyment of learning? *ZDM - Mathematics Education, 49* (3), 2017 (Co-author) など。

ペーター・ガウチ（Peter Gautschi）
ルツェルン教育大学教授。ルツェルン教育大学歴史教育・記憶文化研究所所長。博士。

主著は、"Geschichte lehren. Lernwege und Lernsituationen für Jugendliche"(Schulverlag plus, 2015, 6. Aufl.), "Guter Geschichtsunterricht. Grundlagen, Erkenntnisse, Hinweise"(Wochenschau Verlag, 2015, 3. Aufl.), "The Teaching of the History of One's Own Country. International Experiences in a Comparative Perspective" (Mitherausgeber, Wochenschau Verlag, 2020) など。

サブリナ・モイザン（Sabrina Moisan）
シャーブルック大学教育学部准教授。博士。
主著は、La pluralité des expériences historiques dans le passé du Québec et du Canada. Points de vue des historiennes et historiens universitaires. *Revue d'histoire de l'Amérique française 74* (1-2), 2020 (Co-auteur), "Teaching African History in Schools. Experiences and Perspectives from Africa and Beyond"(Co-auteur, Sense Publishers, 2020), "Objets difficiles, thèmes sensibles et enseignement des sciences humaines et sociales"(Co-éditeur, Fides, 2022), など。

猫田　英伸（ねこだ　ひでのぶ）
島根大学教育学部准教授。博士（教育学）。
主著は、『新しい小学校英語科教育法』（共著、協同出版、2011年）、『教師教育講座 第16巻 中等英語教育』（共著、協同出版、2014年）、『新・教職課程演習 第12巻 初等外国語教育』（共著、協同出版、2021年）など。

二井　正浩（にい　まさひろ）
成蹊大学経済学部教授。博士（学校教育学）。
主著は、『教科教育学研究の可能性を求めて』（編著、風間書房、2017年）、『社会系教科教育学研究のブレイクスルー――理論と実践の往還をめざして―』（共著、風間書房、2019年）、『レリバンスの視点からの歴史教育改革論―日・米・英・独の事例研究―』（編著、風間書房、2022年）など。

ニコル・リートヴェック（Nicole Riedweg）
ルツェルン教育大学歴史教育・記憶文化研究所研究員。博士後期課程大学院生。中・高等学校教員。
主著は、"The Teaching of the History of One's Own Country. International Experiences in a Comparative Perspective"(Mitautorin, Wochenschau Verlag, 2020), "Antisemitismen.

Sondierungen im Bildungsbereich"（Mitherausgeberin, Wochenschau Verlag, 2022）など。

上杉　嘉見（うえすぎ　よしみ）
東京学芸大学先端教育人材育成推進機構准教授。博士（教育学）。
主著は、『カナダのメディア・リテラシー教育』（明石書店、2008年）、『東アジアの教師はどう育つか―韓国・中国・台湾と日本の教育実習と教員研修―』（共著、東京学芸大学出版会、2008年）、「カナダの消費者教育における広告分析学習―メディア・リテラシー教育の見過ごされたルーツとその可能性―」（『教育学研究』第89巻第2号、2022年）など。

歴史教師のビリーフに関する国際比較研究
　　　　　―日本・スイス・カナダの三か国調査―

2023年2月28日　初版第1刷発行

　　　　　編著者　　宇都宮　明　子
　　　　　　　　　　原　田　信　之

　　　　　発行者　　風　間　敬　子

発行所　　株式会社風　間　書　房
　　　〒101-0051　東京都千代田区神田神保町 1-34
　　　　電話 03(3291)5729　FAX 03(3291)5757
　　　　　　　　　　　　振替 00110-5-1853

印刷　太平印刷社　　製本　高地製本所